Martin Arzt

Mit Dir alle Tage

Martin Arzt

Mit Dir alle Tage

Nachdenken und Nachfolgen

1. Auflage 2012
© Verlag Friedrich Bischoff GmbH, Frankfurt
Alle Rechte vorbehalten

Lektorat: Wolfgang Schuster
Umschlaggestaltung: Atelier Lehmacher, Friedberg (Bay.)
Umschlagbild: © PantherMedia / Elena Elisseeva
Innengestaltung: Atelier Lehmacher, Friedberg (Bay.)
Bilder im Innenteil: © Georg Lehmacher, Friedberg (Bay.)
Gesamtherstellung: Rautenberg Media & Print Verlag KG,
53840 Troisdorf

Best.-Nr.: 231 001
ISBN 978-3-943980-08-0

www.bischoff-verlag.de

Inhaltsverzeichnis

Wo euer Schatz ist …
Die Kraft der Werte

… die reinen Herzens sind.
Die Kraft der Gefühle

… hat dir geholfen.
Die Kraft des Glaubens

… deinen Nächsten wie dich selbst.
Die Kraft des Miteinanders

Alles hat seine Zeit …
Die Kraft des Gedenkens

Register

Da redete Jesus abermals zu ihnen und sprach:
Ich bin das Licht der Welt. Wer mir nachfolgt,
der wird nicht wandeln in der Finsternis,
sondern wird das ewige Leben haben.

Johannes 8,12

Wo euer Schatz ist …

Die Kraft der Werte

Achtsamkeit

Paulus schrieb in seinem ersten Brief an Timotheus: „Hab Acht auf Dich selbst" *(1. Timotheus 4,16)*. Eine Bitte, die jeder gerne erfüllen darf. Doch was ist damit eigentlich gemeint? Soll man sich sozusagen wie ein Schiedsrichter im Tennis auf eine hohe Warte setzen und sich selbst ständig von oben herab kontrollieren, ob man in den Spielregeln bleibt? Jeder ahnt, in welche Gefahr ein solcher Mensch gerät: Er begibt sich in einen Zwiespalt, wird sich oft sauertöpfisch selbst kontrollieren. Ein solcher zerrissener Mensch hat kaum noch Kraft, sich von Herzen zu freuen. Er neigt obendrein dazu, seiner Umgebung oberlehrerhaft auf den Wecker zu fallen. Etliche Pharisäer handelten so und griffen sogar den Herrn scharf an, weil er am Sabbat einen Menschen geheilt hatte *(Matthäus 12,10)*. Bei ihnen war die Menschlichkeit ertrunken im salzigen Meer der Griffelspitzerei.

Das meinte Paulus sicher nicht, als er Timotheus geraten hat, auf sich selbst Acht zu haben. Er beschreibt diese Achtsamkeit anders: „... damit dein Fortschreiten allen offenbar werde." Timotheus sollte darauf achten, dass er erkenne, wo er stehe, und sich dann fortentwickle, dass er im Glauben, in der Liebe, im Wandel, im Wort und der Reinheit ein Vorbild sei. Man liegt sicher nicht völlig falsch, diese Aufforderung von Apostel Paulus so zusammenzufassen: das zu leben, was man sagt, und das zu sagen, was man lebt. Authentisch sein sagt man heute dazu. Darauf gilt es zu achten und darauf, sich vorwärtszuentwickeln, auf das große Vorbild Jesus Christus zu.

Was heißt achtsam sein? Zunächst einmal einen nüchternen Blick auf sich werfen. Nicht sich selbst beschönigen, aber genauso wenig sich selbst erniedrigen. Schlicht zu sehen, was in mir ist, an Glauben, an Gefühlen, an Wünschen, an Hoffnungen und an Sehnsucht. Nicht mich zu sehen, wie ich gerne wäre, nicht irgendetwas in mir verdrängen oder nicht wahrhaben wollen. Das Wort Gottes hilft uns dabei, eine nüchterne, vorwurfsfreie

Bestandsaufnahme zu tätigen. Das Wort Gottes gibt uns einen Maßstab in die Hand, danach unser Spiegelbild einzuordnen. Einen Schritt weiter als der Rat des Apostels Paulus an Timotheus geht der Schreiber des Hebräerbriefes. Er mahnt, auch dem Nächsten achtsam zu begegnen. „... Lasst uns aufeinander Acht haben ... einander ermahnen" *(Hebräer 10,24.25)*. Mutet der Schreiber des Briefes an die Hebräer seinen Lesern hier eine Gemeinschaft der gegenseitigen Überwachung zu? Will er am liebsten ein pharisäerhaftes Belauern des Nächsten, ob dieser auch wirklich alle Gebote halte? Doch dieser erste – beängstigende – Eindruck wird zunichte, wenn man sich vertieft: „... uns anreizen zur Liebe und zu guten Werken" *(Hebräer 10,24)*. Jetzt wird klar, wie aktuell diese Aufforderung und Bitte ist. Sie ist ein Programm gegen soziale Kälte und oberflächliche Interesselosigkeit gegenüber dem Nächsten, gegenüber den Geschwistern innerhalb der Gemeinden. Acht haben aufeinander, feststellen, wo Liebe, wo gute Werke fehlen. Den noch Untätigen, den Müden, den Vergesslichen und Vielbeschäftigten motivieren und anreizen, mitzumachen. Ziel sollte im Sinne des Hebräerbriefes sein, gegenseitig Liebe zu üben und gute Werke zu tun. „Umso mehr, als ihr seht, dass sich der Tag naht." Dieser Glaube an den wiederkommenden Christus sollte uns darin beflügeln.

Auf den Nächsten Acht haben ist ein Gebot der Stunde. Nicht, um ihn eines Fehlers, der Faulheit oder Falschheit zu überführen! Einzig um ihn zur Liebe und zu guten Werken zu reizen angesichts des nahen Tages Christi.

Gott achtet auf seine Kinder. Er nimmt sie wahr, so wie sie sind, mit all ihren Gefühlen, Ideen und Widersprüchen – und er schenkt ihnen Gnade. Jesus hat dies in einem Satz bildhaft ausgedrückt: Selbst eure Haare auf dem Haupt sind alle gezählt *(Lukas 12,7)*. Darum fürchtet euch nicht. Wer keine Angst hat, wer sich nicht zu fürchten braucht, kann leicht Acht auf sich und seinen Nächsten haben.

Spieglein, Spieglein an der Wand ...

Mordgelüste packten die böse Frau im Märchen. Dabei hatte der Spiegel nur die Wahrheit gesagt: sie sei zwar schön, Schneewittchen aber tausend Mal schöner. Eine solche Wahrheit können auch viele Menschen im 21. Jahrhundert nicht ertragen, ohne gekränkt zu sein und wenigstens an Rufmord zu denken. Schließlich gilt im harten Wettbewerb nur die Schönste, der Schnellste, die Durchsetzungsfähigste, der Gerissenste. Da kann es „tödlich" sein für das eigene Selbstbewusstsein und den Rang in der Gesellschaft, nur an zweiter Stelle zu stehen.

„Wahrheit ist ein harter Trank – und wer ihn braut, hat wenig Dank", weiß schon der Volksmund. In früheren Zeiten wurde der Überbringer einer schlechten Nachricht umgebracht. Nur der Hofnarr durfte ohne Lebensgefahr ein klein wenig deutlicher werden als die übrigen Höflinge. In Württemberg lebte einst ein König, der so unsterblich in seine Lieblingsstute verarrt war, dass er denjenigen einen Kopf kürzer zu machen versprach, der ihm sagen würde, sein geliebtes Pferd sei tot. Als die Stute verendete, war die Not groß im Hofstaat. Schließlich drängte man den Hofnarren, seinem Herrn den Tod des Gauls anzusagen. Der Hofnarr ging zum König und schluchzte: „Deine Stute wiehert nicht mehr!" „Ist sie erkältet?" „Nein, sie frisst auch nicht mehr." „Ja ist sie krank?" „Nein, aber sie steht auch nicht mehr auf." „Ja ist sie tot?" „Majestät, das haben Sie jetzt aber selbst gesagt!", rechtfertigte sich der Hofnarr und ging dem Hörensagen nach tatsächlich straffrei aus.

Wie viel Wahrheit darf man dir, wie viel darf man mir sagen? Damit meine ich nicht verletzende Unverschämtheiten, dreistes Lobgehudel, unerträgliche Mobbingversuche. Vielmehr meine ich den Spiegel des Wortes Gottes. Darf er uns ungeschminkt unser Ebenbild widerspiegeln?

In den Evangelien ist an einigen Stellen die Rede davon, dass Jesus den Menschen den Spiegel vorgehalten hat *(Lukas 6,41)*.

Und sie haben dem Nazarener seine Wahrheit heimgezahlt. Einmal hoben sie Steine auf, um ihn umzubringen *(Johannes 10,31)*. Schließlich stachelten sie das Volk auf und drängten den Pilatus so, dass dieser Hand an den Herrn legte *(Matthäus 27 ff.)*.

Von Gottes Güte, von seinem Willen, uns in jeder Lebenslage zu helfen, von seiner Gnade, die alle Schuld tilgen kann – davon darf uns das Wort Gottes immer wieder erzählen. Das hören wir gern. Doch Gott hat seine Jünger und Kinder nicht dazu erwählt, um ihnen nur ein behütetes, ein angst- und sorgenfreies Leben zu bereiten. Er spornte seine Nachfolger immer wieder zur Tat an. Hat ihnen Liebe geboten und gegenseitige Achtung ans Herz gelegt. Er befahl ihnen, Salz der Erde zu sein *(Matthäus 5,13)* und den Menschen das Reich Gottes nahezubringen. Und Jesus hat seinen Jüngern oft den Spiegel vorgehalten und ließ sie erkennen, wie es um sie stünde.

Neulich fühlte ich mich ertappt: Ein Forscher schrieb, die Deutschen würden bei Umfragen zum Fernsehkonsum schummeln und gäben nur zwei Stunden an. In Wirklichkeit säßen die Menschen täglich rund drei Stunden vor dem Fernseher. Zeit, die sie aber an anderer Stelle vermissen würden: zum Reden mit der Familie, mit Freunden, für sportliche Betätigung, für Hobbys oder einfach zum Nachdenken und um zur Ruhe zu kommen. Ein Tag Selbstbeobachtung genügte, und aus meinem „Der spinnt wohl ein bisschen!" reifte ein „Der hat recht!"

Was hätte ich aber meinem Vorsteher geantwortet, wenn der mir den Spiegel vorgehalten hätte: „Wenn du täglich nur noch eine Stunde fernsiehst, dann kannst du allein in einer Woche sieben Stunden in dein eigenes körperlich-seelisch-geistiges Wohlbefinden investieren und noch sieben Stunden im Werk des Herrn mitarbeiten und lebst dann mit Sicherheit ein gutes Stück zufriedener!" Hätte ich ihn zum Hofnarren degradiert?

Die Fliege an der Wand

Der Gottesdienst ist vorbei. Ich empfand ihn als sehr warm und interessant. Ein Gast ist an meiner Seite. Er hat sich wohlgefühlt, runzelt aber über ein, zwei Aussagen die Stirn und fragt nach. Wir reden über den Gottesdienst. Reden über das, was uns gestört hat. Und irgendwann stellen der Gast und ich fest: „Wenn man uns reden hört, könnte man meinen, der Gottesdienst sei ganz schlecht gewesen – dabei empfanden wir ihn insgesamt sehr wohltuend." Ich fühle mich nicht mehr wohl in meiner Haut. Ein kleines Detail hat mir den Blick verstellt auf das schöne Ganze. Unglaublich! Den klitzekleinen schwarzen Fleck vor dem wunderbar hellen Hintergrund, den habe ich aufgespießt. Und die schönen 98 Prozent als nicht der Rede werte Selbstverständlichkeit genommen. Unglaublich beschränkt, meine Sichtweise.

Sicher, es gibt in vielen Bildern und in vielen Situationen des Lebens Details, die einen Gesamteindruck entscheidend prägen. Und doch entsteht ein Bild, ein Eindruck niemals aus einem Detail allein, wie sehr dieses auch ins Auge fallen mag. Es ist beängstigend, wie oft Menschen über Detailversessenheit das Gesamtbild aus dem Blick verlieren. Da hat ein Mensch tausend gute Taten vollbracht. Darüber redet man wenig. Aber über den einen Fehltritt! Der wird bis ins kleinste Detail seziert und mit großer Empörung durch den Blätterwald getrieben. Da vollbrachte Jesus Christus großartige Taten, die er – selbst nach Auskunft seiner Gegner – nur mit Gottes Hilfe vollbringen konnte. Doch das wurde völlig unwichtig – er hatte ja angeblich Gott gelästert.

Da hat sich unser Hauspriester 99 Mal geduldig unsere Sorgen angehört, und nur ein einziges Mal beschied er uns etwas unwirsch. Wie gewichten wir dieses eine Mal? Beeinflusst das unsere Meinung von ihm so sehr, dass wir nun enttäuscht sagen: „Eigentlich ist er ganz nett, aber Geduld ist nicht seine starke Seite …"

Die Jünger Jesu wurden von Pharisäern angeklagt, nur weil sie am Sabbat Ähren von den abgeernteten Feldern aufgesammelt hatten, als sie Hunger verspürten *(Markus 2,23)*. Dieses Detail wurde aufgespießt. Das Gesamtbild, ihr göttlicher Auftrag, ihr Verhalten als möglichst gesetzestreue Juden wurden nicht gewürdigt.

Ist das Wissen nicht unendlich befreiend: Gott erkennt uns in all unseren Details. Er sieht nicht nur unsere Fehler, er sieht zugleich unseren Glauben, unser Wollen, unser Tun. Uns Menschen dagegen fällt es oft sehr schwer, unseren Nächsten als ganzheitliches Wesen zu erkennen. Es ist nicht einfach für uns, hinter einem dummen Spruch, einer missglückten Tat den ganzen Menschen zu sehen, der neben seinen Fehlern auch Stärken hat. Vielleicht erinnern wir uns in entsprechenden Situationen einmal an den Mann, der eingeladen wurde, den Messias zu sehen. Er schüttelte verständnislos den Kopf: „Was kann aus Nazareth Gutes kommen?" *(Johannes 1,46)*. Jesus schaute hindurch und sah den ganzen Menschen. „Ein rechter Israelit!" *(Johannes 1,47)* begrüßte er den Mann.

Um nicht falsch verstanden zu werden: Menschen gegenüber, die uns betrügen und belügen, die uns wehtun, ist ein gesundes Misstrauen und Wachsamkeit angebracht! Doch in unserem Wahrnehmen und Urteilen sollten wir das große Ganze immer mehr in unser Blickfeld hineinstrahlen lassen: Der Herr kommt bald! Und der Herr möchte seine Kinder durch törichte Predigt selig machen. Wenn wir uns diese Sichtweise zu eigen machen können, wird uns die kleine Fliege an der Wand nicht mehr vorkommen wie ein riesiger Elefant.

Aufs Wesentliche konzentrieren

Vor wenigen Monaten lautete das Fazit der Konferenz einer großen Kirche in Deutschland sinngemäß so: „Angesichts sinkender Mitgliederzahlen und Einnahmen werden wir uns auf das Wesentliche einer Kirche konzentrieren, die Verkündigung des Evangeliums." Wir wollen dies hier nicht kommentieren, sondern uns fragen, wie wir uns die Neuapostolische Kirche in etlichen Jahren vorstellen. Auch in unserer Kirche gehen die Einnahmen zurück. Das hat Auswirkungen, die durchaus schmerzhaft sein können. Denken wir nur an die Renovierung von maroden Kirchengebäuden. Viel ist schon spekuliert worden über die Gründe, warum die freiwilligen Gaben der Mitglieder an die Kirche zurückgehen. Doch das ist ein anderes wichtiges Thema. Konzentrieren wir uns heute auf das Wesentliche in unserem Leben. Schade, dass wir Menschen das oft erst dann tun, wenn der Zwang unerträglich geworden ist. Dabei hat uns der Schöpfer mit Verstand ausgestattet, der es uns sogar ermöglicht, zukünftig Wichtiges vorauszusehen oder zu berechnen. Dennoch stecken wir oft den Kopf so lange in den Sand und sagen „Weiter so!", bis uns die Wirklichkeit zwingt, anders zu handeln. Erst wenn die Rückenschmerzen unser Wohlbefinden massiv beeinträchtigen, ziehen wir Rückengymnastik in Betracht; erst wenn wir fast zusammenbrechen vor Stress, überlegen wir, wie wir unser Leben anders gestalten können.

„Ihr aber seht euch vor! Ich habe euch alles zuvor gesagt!" *(Markus 13,23)*, mahnte Christus seine Nachfolger. Er sah mit Sorge die Gefahr, dass seine Nachfolger den Tag seiner Wiederkunft versäumen. Der Mensch neigt dazu, sich ganz viele Ziele zu setzen – es gibt ja so viel Interessantes und Schönes auf der Welt. Die Gefahr, sich zu verzetteln und das Wesentliche langsam aus den Augen zu verlieren, wird umso größer, je weniger Zwänge und Sorgen den Menschen bedrängen. Wer sich ernsthaft auf eine Prüfung vorbereitet, wird im Allgemeinen mehr

Fachliteratur lesen als in Urlaubskatalogen herumschmökern. Wer schwer erkrankt ist, wird sich auf seine Genesung konzentrieren und auf das, was ihm wirklich wichtig ist.

Der Hinweis auf die Gemeinde in Laodizea mag abgedroschen klingen. Doch die Worte aus dem Schreiben an diese Gemeinde sind so dramatisch und aktuell, dass wir sie uns öfter zu Herzen nehmen sollten. „Ich bin reich und habe genug und brauche nichts!" Nur halbherzig tun die Gläubigen in Laodizea den Willen Gottes; das Materielle scheint zum Wesentlichen geworden zu sein. Wenn wir ehrlich sind, wiegt in unseren Breitengraden der Verlust materieller Güter viel, viel schwerer als der Verlust einer Beziehung zu Gott. Ein Mensch, der bewusst auf materielle Werte verzichtet, mutet als extremer Sonderling an in unserer Gesellschaft. Das gilt aber keineswegs für einen, der nicht betet und den der Wille Gottes einen Kehricht interessiert.

Das Wesentliche kann für einen Menschen im Laufe seines Lebens ganz Unterschiedliches sein. Als Kind ist es vielleicht wesentlich, dass die Puppe ihr abgerissenes Ärmchen und der Teddybär sein ausgefallenes Glasauge wiederbekommen. Als Jugendlicher ist das Wesentliche unter anderem in der Klasse, in der Gemeinde, unter Freunden Anerkennung zu finden. Ein Erwachsener sieht das Wesentliche in seinem Leben womöglich darin, einen guten Beruf, ein schönes Auto zu besitzen, eine nette Familie zu gründen. Ältere Menschen wünschen sich oft Gesundheit und tun viel dafür. Was wesentlich ist in unserem Leben, bestimmen wir, indem wir Ziele festlegen. Wenn ich das Ziel habe, Höhlenforscher zu werden, hat es wenig Sinn, die Laubbäume Europas zu studieren. Wenn ich nach Spanien auswandern will, ist es nicht sehr hilfreich, Russisch zu lernen.

Sich aufs Wesentliche konzentrieren, was heißt das für mich? Die Antwort muss sich jeder selbst geben. Wie schön, wenn unsere Kirche und die Wiederkunft Christi eine wesentliche Rolle in unseren Überlegungen spielen.

Gewöhnung – Nutzen und Gefahr

Ewald ist ein Ordnung liebender Mensch. Er hat sein Leben gut organisiert. Fast jeden Tag steht er um halb sieben Uhr auf. Dann geht er ins Bad, duscht sich, putzt sich die Zähne, rasiert sich. Die Zahnpastatube stellt er links auf die Ablage unter dem Spiegel, die Rasierschaumtube rechts daneben – immer. Neulich rief er mit schäumendem Mund seiner Frau zu: „Kaufe bitte eine andere Sorte Zahnpasta, diese schmeckt scheußlich." Als er sich nach dem Zähneputzen das Gesicht mit Rasierschaum eincremen will, stutzt er: Der Schaum fühlt sich so komisch an. Ewald schaut auf die Tuben und erschrickt: Er hatte sie vertauscht.

Gewöhnung und Gewohnheiten – sie machen das Leben einfacher. Ohne sie kämen wir in der modernen Welt nicht mehr zurecht. Wenn wir uns jeden Schritt überlegen müssten, der Tag wäre vorbei, bevor wir eine E-Mail gesendet, dem Freund über das Handy eine Botschaft geschickt, mit dem Auto zum Einkaufen gefahren, den Videorekorder programmiert oder die Waschmaschine mit dem richtigen Programm eingeschaltet hätten. Solche Tätigkeiten müssen uns sprichwörtlich in Fleisch und Blut übergegangen sein, wenn wir die Technik des 21. Jahrhunderts nützen wollen. Wenn das Gebet am Morgen und am Abend seinen festen, gewohnten Platz beim Aufstehen oder beim Zubettgehen hat, verringern wir die Gefahr, es zu vergessen. Wenn die Gottesdienste Fixpunkte in unserer Wochenplanung darstellen, ist das sicher kein Fehler. Einen Abend in der Woche oder im Monat festzulegen, an dem die Familie zusammenkommt, miteinander spricht, ist oft die einzige Möglichkeit, einander mehr mitzuteilen als „Guten Tag" und „Guten Weg". Noch viel mehr gute Dinge könnten geschehen, wenn wir uns angewöhnten, für gewisse Dinge ein bisschen Zeit zu reservieren: in der Bibel lesen, Einsame, Kranke besuchen, mit ihnen telefonieren, nachdenken über unser Verhältnis zu Gott und der Welt. Gewöhnung hat unbestreitbar positive Aspekte. Ein routinierter Handwerker repariert in zehn Minuten mehr als ein blutiger Laie in einer Stunde. Gewöhnung schafft Sicherheit: Ein routinierter Autofahrer erkennt Gefahren viel früher und kann der Situation angemessen reagieren. Doch der größte Feind der Sicherheit heißt: Gewöhnung. Viele Dinge laufen dann im Halbdunkel des Bewusstseins ab. Man ist oft nicht mehr ganz bei der Sache. Nicht immer geht das dann so glimpflich ab wie bei Ewald. Menschen mussten schon ihr Leben lassen, weil der Schrankenwärter – in Routine erstarrt – den außerplanmäßigen Zug „vergessen" hatte, der Elektriker den millionsten Anschluss nicht sorgfältig genug isolierte. Gewöhnung im Glauben kann tödlich sein. Ich bete gewohnheitsmäßig jeden Tag, doch bei der Sache bin ich dabei selten. Ich gehe zur Kirche, freue mich, dass ich die meisten Worte aus der Bibel kenne. Doch die Gewöhnung hat mich abgestumpft, ich höre nur noch mit halbem Ohr hin. Gehört, doch kaum wahrgenommen, das Gleichnis von den zehn Jungfrauen. In der Gewohnheit eingeschlafen. Die Gewohnheit, über andere zu lästern, sich mit Gerüchten wichtig zu machen. Manchem ist das zur zweiten Natur geworden. Fast schon zur Gewohnheit geworden, der Satz: „Habe keine Zeit!" Auch dann, wenn es gilt, das Heil der Seele zu schaffen? In Glaubensdingen ist es wichtig und richtig, hellwach zu sein. Hellwach dem Wort Gottes zuhören, unsere Gewohnheiten darunter immer wieder prüfen, ob wir darin den Willen Gottes erfüllen. Hellwach beten, auch darum, dass Gott uns auf die verborgene Gefahr aufmerksam macht, bevor wir in sinnentleerte Routine verfallen. Hellwach Leib und Blut Jesu Christi genießen zum ewigen Heil unserer Seele. Lasst uns die Gewohnheiten pflegen, die uns helfen, ein gottesfürchtiges Leben zu führen. Lassen wir uns aber von der Gewöhnung nicht einlullen. Und die schlechten Gewohnheiten lasst uns entschieden über Bord werfen.

Gnade und Freiheit

Der Richter lässt Gnade vor Recht ergehen. Der junge Mann kommt mit einer Ermahnung davon. Er hatte wiederholt gestohlen, war erwischt worden und hätte eigentlich eine Strafe verbüßen müssen. Der junge Mann kam durch Gnade frei. So haben wir das auch schon hundert Mal erlebt: Wir haben gesündigt, Gott schenkte Gnade, wir waren frei. Durch Gnade in die Freiheit. Doch nicht immer ist das Verhältnis zwischen Gnade und Freiheit so einfach.

Ein Firmeninhaber kam in die Jahre. Er wollte seinen Kindern die Firma schenken. Doch die hoben die Hände zur Abwehr und schüttelten heftig den Kopf: „Lieber wollen wir unsere Freiheit als deine Firma!" Die Nachbarskinder hätten es als riesengroße Gnade empfunden, diese Firma übernehmen zu dürfen. Annahme der Gnade oder Leben in Freiheit lautet das offensichtlich nicht zu versöhnende Verhältnis.

Es klingt wie ein Widerspruch und ist doch wahr: Göttliche Gnade formuliert tatsächlich einen Anspruch an den Empfänger. Das gab schon der Herr zu erkennen. „Sündige hinfort nicht mehr" *(Johannes 5,14)*, riet der Sohn Gottes dem Kranken in Betesda, nachdem er ihn in einem Akt der Gnade von seinem 38-jährigen Leiden erlöst hatte. Noch ein weiteres Mal richtet Jesus ein scharfes Licht auf das Verhältnis göttliche Gnade – menschliche Freiheit. Drei Knechte erhalten eine Gabe vom Herrn *(Matthäus 25,14 ff.)*. Zwei arbeiten damit und werden reich beschenkt. Der Dritte hat Angst um seine Freiheit, weil der Herr als sehr streng bekannt ist. Der dritte Knecht wickelt die Gabe ins Schweißtuch und vergräbt sie an sicherem Ort. Abschließend beurteilt der Herr ein solches Verhalten als der Gnade unwürdig.

Gnade kann je nach Standpunkt des Einzelnen die persönliche Freiheit einschränken oder sie erweitern.

Göttliche Gnade ist auch die eigene Geburt aus und in Gott. Doch daraus leitet sich in keinem Falle der Anspruch des Einzelnen auf ein erfülltes Leben ab. Gnade ist nicht ein garantierter Freibrief an Lebensgierige, dass sie alles und das auch noch zur gewünschten Zeit erwarten dürfen. Der Mensch, der sich in der Gnade Gottes zu Hause weiß, wird fähig zur Demut, zur Aufmerksamkeit und zur Gelassenheit. Denn er weiß, das Gelingen auch des bestgemeinten menschlichen Strebens ist abhängig von einer Kraft, über die er nicht herrscht. Er weiß auch um die Tatsache, dass alles menschliche Handeln bestreitbar und gemessen an der Größe göttlichen Handelns verschwindend klein bleibt. Nüchternheit ob der Endlichkeit seines Handelns wird ihm innewohnen und auch die Fähigkeit zur Reue im Angesicht der unvermeidlichen Verfehlungen. Und doch wird ein Mensch, der um die Gnade Gottes weiß, schöpferisch handeln. Er wird mit den Gaben, die ihm verliehen sind, voller Hoffnung, nüchtern und planvoll die Zukunft gestalten wollen und dabei gerne im Dienste Jesu stehen.

Drei knappe Sätze mögen die Vielfalt der verwobenen Fäden zwischen diesen Phänomenen skizzieren: Gnade annehmen, um frei zu sein. Frei sein, um Gnade zu schenken. Gott von meiner Freiheit schenken, um seine Gnade umfassend annehmen zu können. Wer so handelt, eröffnet sich die Chance, ein erfülltes, glückliches Leben zu führen. An solchen Menschen wird die Gnade Gottes nicht vergeblich sein.

So bitte nicht!

Fritz erhält einen Anruf. Er soll sofort zum Chef kommen. „Was habe ich ausgefressen?", fragt sich Fritz. Es will ihm partout nichts einfallen. „Ich habe nichts gestohlen, habe keinen Kollegen beleidigt, mache meine Arbeit ordentlich, und der Firma geht es blendend. Was der Chef wohl will?" Der Geschäftsführer begrüßt ihn freundlich und druckst dann so lange herum, bis es Fritz zu dumm wird: „Sagen Sie mir bitte jetzt, was los ist." „Ihre Kollegen haben sich beschwert, Sie hätten schrecklichen Mundgeruch." Fritz sitzt da wie vom Donner gerührt und fragt halblaut: „Und wieso sagen mir die Kollegen das nicht selbst?"

Selbst begabte Redner versagten schon vor der Aufgabe, einem anderen respektvoll, aber verständlich die Wahrheit zu sagen. Viele verlässt der Mut, unangenehme Wahrheiten anzusprechen. Andere sagen die Wahrheit – aber so hart, dass der andere danach verletzt ist. Es scheint eine große Kunst zu sein, offen, wahrhaftig und zugleich respektvoll mit dem Nächsten zu reden. Und nur wenige scheinen diese Kunst zu beherrschen. Dabei sollte doch gerade auf dem Gebiet des persönlichen Miteinander-Umgehens das Wort Jesu gelten: „Alles nun, was ihr wollt, dass euch die Leute tun sollen, das tut ihnen auch" *(Matthäus 7,12)*. Und wer will schon, dass die Leute hinter seinem Rücken über ihn reden und lästern und ihm nicht die Wahrheit sagen.

Die Heilige Schrift verrät uns, wie mutige Menschen den Nächsten auf Fehler aufmerksam machten. So der Prophet Nathan: Der Herr sandte ihn zu König David. Der Prophet erzählte eine anrührende Geschichte *(2. Samuel 12,1 ff.)*: „Es waren zwei Männer in einer Stadt, der eine reich, der andere arm. Der Reiche hatte sehr viele Schafe und Rinder, aber der Arme hatte nichts als ein einziges kleines Schäflein, das er gekauft hatte. Und er nährte es, dass es groß wurde bei ihm zugleich mit seinen Kindern. Es aß von seinem Bissen und trank aus seinem Becher und schlief in seinem Schoß und er hielt's wie eine Tochter.

Als aber zu dem reichen Mann ein Gast kam, brachte er's nicht über sich, von seinen Schafen und Rindern zu nehmen, um dem Gast etwas zuzurichten, der zu ihm gekommen war, sondern er nahm das Schaf des armen Mannes und richtete es dem Mann zu, der zu ihm gekommen war."

Da geriet David in großen Zorn über den Mann und sprach zu Nathan: „Der Mann ist ein Kind des Todes, der das getan hat!" Da sprach Nathan zu David: „Du bist der Mann!"

Nathan hat dem Schwerenöter David zur Selbsterkenntnis und zur Einsicht gebracht. Ohne Anklage, ohne Angriff. David musste eingestehen: „Ich habe gesündigt gegen den Herrn."

Jesus öffnete dem nach Wahrheit suchenden reichen Jüngling die Augen für die Wahrheit *(Matthäus 19,16 ff.)*. Die erste Aufgabe hatte der Jüngling erfüllt. Er hatte die Gebote gehalten. Die zweite Aufgabe auf dem Weg zur Wahrheit machte den Jüngling sehr traurig. Er wollte sie nicht erfüllen: seinen Reichtum den Armen zu schenken und Jesus nachzufolgen. Jesus hatte dem Jüngling nicht auf den Kopf zugesagt: „Komm, Junge, lass es einfach bleiben mit deinem Wunsch nach dem ewigen Leben. Du schaffst es nicht!" Nein, er redete mit ihm und ließ die Erkenntnis in dem Jüngling selber reifen, sodass dieser aus eigener Erkenntnis entschied: Das irdische ist für mich doch wichtiger als das ewige Leben. Die Entscheidung eines freien Individuums – nicht das Abstempeln als Unfähiger durch Jesus.

Geschwister und Amtsträger in der Neuapostolischen Kirche sind gewiss nicht vollkommen im Umgang miteinander. Doch die Vollkommenheit anstreben, ist ein lohnendes Ziel. Es wäre hilfreich, wenn mehr miteinander geredet würde als übereinander. Wenn Probleme grundsätzlich miteinander zielorientiert gelöst würden.

Bitte bringen wir einander noch mehr Respekt entgegen und sagen dem Nächsten das auf die Art, wie wir es uns auch von ihm wünschen. So erfüllen wir den Willen Christi. So bitte gern!

Zufriedenheit – mit Maß

„Sei nun wieder zufrieden, meine Seele; denn der Herr tut dir Gutes", schreibt der Psalmsänger im 116. Psalm, Vers 7. Und der Weisheitslehrer Sirach empfiehlt, trotz Armut oder geschäftlichen Misserfolges zufrieden zu sein. „Was frag' ich viel nach Gut und Geld, wenn ich zufrieden bin", heißt es in einem Volkslied von 1776. Zufriedenheit, besungen, hoch gelobt und allen Menschen ans Herz gelegt. Ein solch überschwänglich positiv besetzter Begriff ist es allemal wert, hinterfragt zu werden.

Sagt jemand von sich, er sei zufrieden, dann ist er mit sich und der Welt im Reinen. Wer zufrieden ist, hat eine nachweislich höhere Lebensqualität als der Unzufriedene. Zufriedene Menschen sollen größeren Erfolg haben und kaum an psychischen Krankheiten leiden. Sogar die körperliche Gesundheit soll bei zufriedenen Menschen deutlich besser sein.

Eine Geschichte erzählt von einem Weisen in der Antike. Einmal kamen Menschen zu ihm und fragten: „Was tust du, um zufrieden zu sein?" Der Weise lächelte: „Wenn ich liege, liege ich, wenn ich aufstehe, stehe ich auf, und wenn ich esse, esse ich." Die Frager verstanden ihn nicht. „Das tun wir doch auch", hakten sie nach. Der Weise lächelte sie an: „Sicher, ihr liegt auch, wenn ihr liegt, und esst auch, wenn ihr esst. Aber wenn ihr liegt, denkt ihr schon ans Aufstehen, und wenn ihr esst schon an den morgigen Tag. Eure Gedanken sind ständig woanders – nie da, wo ihr im Augenblick seid. Doch euer Leben findet dort statt, wo ihr gerade seid. Lasst euch auf diesen Augenblick ein, dann werdet ihr zufriedener sein."

Dem Rat des Weisen lassen sich noch viele anfügen: Seine Gedanken immer um die Dinge kreisen zu lassen, die wir nicht haben, schafft unweigerlich Unzufriedenheit. Und darüber zu nörgeln, dass wir selbst nichts und die anderen so viel mehr haben, schafft eines sicher: Gift streuen ins eigene Wohlbefinden und in die Gemeinschaft mit den Menschen in der Umgebung. Wer nie dankbar ist für das, was er hat, wird auch selten zufrieden sein. Lassen wir noch Goethe zu Wort kommen: „Wie selten ist der Mensch mit seinem Zustande zufrieden, in dem er sich befindet! Er wünscht sich immer den des Nächsten, aus welchem sich dieser ebenfalls heraussehnt."

Zufriedenheit ist also ein erstrebenswerter Zustand, der Gesundheit, Glück, Wohlergehen fördert. Wenn wir unzufrieden sind, ist es hilfreich, ganz genau nach der Ursache zu forschen.

Ein Zeugnis großer Zufriedenheit stellt der Meister dem reichen Kornbauern aus: „Seele, nun iss, trink und habe guten Mut" *(Lukas 12,19)*. Prima, denkt wohl jeder, dann wäre ich auch zufrieden, wenn meine Scheunen überquellen würden und ich für Jahre ausgesorgt hätte. Doch Jesus warnt vor falscher Selbstzufriedenheit. Er tadelte den Kornbauern: „Du Narr!" Zufriedenheit – hier ein Albtraum! Die Werte, die vor Gott gelten, hatte der Kornbauer nicht gesammelt. Zur Zufriedenheit bestand überhaupt kein Anlass!

Wenn wir bei uns selbst, in der Familie, in der Gemeinde Dinge feststellen, die nicht im Sinne Jesu Christi geschehen, wäre zur Schau gestellte Zufriedenheit fehl am Platz. Dann gilt es zu beten und zunächst mit sich selbst liebevoll ins Gericht und unter das Wort Gottes zu gehen. Dann sollten Gebete und freundliche Gespräche mit den Nächsten helfen, die Zustände zu verändern. Wer hier nörgelt, zeigt, dass er mit sich selbst nicht im Reinen ist. Streben wir persönliche Zufriedenheit an, wo immer wir können. Das macht uns erfolgreicher, fördert unsere Gesundheit und schenkt der Gemeinschaft, in der wir leben, Frieden. Falsche Zufriedenheit ist jedoch schädlich. Wenn wir einen Mangel erkennen, sollten wir ihn behutsam, mit Gottes Hilfe und einem großen Herzen aus der Welt schaffen.

Chancen und Folgen

Gott meinte es ernst, sehr ernst! „Bist du aber nicht fromm, so lauert die Sünde vor der Tür, und nach dir hat sie Verlangen; du aber herrsche über sie" *(1. Mose 4,7)*, so redete der Allmächtige dem finster dreinblickenden Kain ins Gewissen. Doch der hörte nicht. Er führte sein trauriges Werk zu Ende und brachte seinen Bruder um. Das hatte Konsequenzen für Kain.

Der Mensch ist ein vernunftbegabtes Wesen. Er kann die meisten Folgen seines Handelns im Voraus erkennen. Doch selbst hochintelligente Menschen sind nicht davor gefeit, aus Freude, Wut, Übermut Dinge zu tun, die ihnen kurze Genugtuung und billiges Hochgefühl einbringen, aber langfristig viel Schaden hervorrufen.

Man muss nicht lange nach Beispielen suchen. Wir Bewohner der sogenannten ersten Welt tragen durch unsere Lebensführung und unseren Energieverbrauch einiges dazu bei, dass sich das Klima auf der Welt verändert – mit dramatischen Folgen.

Wer als Schüler die Freizeit im Sommer ausschließlich im Schwimmbad, im Herbst beim Drachensteigen, im Winter beim Wintersport und im Frühjahr mit dem Pflegen von Frühlingsgefühlen verbringt, wird höchstwahrscheinlich nur einen schlechten Schulabschluss erreichen. Die Folgen liegen auf der Hand.

Doch viele Menschen sind Weltmeister im Verdrängen und Nicht-wahrhaben-Wollen von glasklaren Konsequenzen „Nütze den Tag! Was morgen ist, weiß sowieso niemand!" Das ist eine teuflische Halbwahrheit. Gewiss, nicht wenige Menschen haben die Jagd nach Gut und Geld zu ihrem obersten Lebensziel erklärt – und versäumen es, im Hier und Jetzt zu leben. Doch gilt auch: Wer rein nach dem Lustprinzip ausschließlich für die Gegenwart lebt, droht seine Zukunft bei Gott zu verspielen.

Es lohnt sich, über den Rat des Apostels Paulus im Epheserbrief nachzudenken: „So seht nun sorgfältig darauf, wie ihr euer Leben führt, nicht als Unweise, sondern als Weise, und kauft die Zeit aus" *(Epheser 5,15.16)*. Die größte Weisheit für Menschen ist wohl der Rat des Apostels: „Versteht, was der Wille des Herrn ist" *(Epheser 5,17)*.

Das ist mühsam, ganz sicher. Eine lebenslange Aufgabe, den Willen des Herrn zu erforschen. Wer auf ewig beim Herrn sein möchte, kommt jedoch nicht umhin, sich schon jetzt um den Willen Gottes zu kümmern, ihn zu hören und nach ihm zu tun. Er sagt ihn uns.

Nutzen wir diese Chance. Die Gnade des Herrn helfe uns.

Wirf das Vertrauen nicht weg!

Elke ist enttäuscht: „Du hast mein Vertrauen missbraucht! Du warst allein mit meiner besten Freundin Eis essen. Ich traue dir nicht mehr über den Weg!" Die beiden wollten Elke mit einer tollen Geburtstagsfeier überraschen und konnten ihr deshalb vorher nichts sagen. Doch das interessierte nicht mehr.

„Mitleid bekommt man umsonst, Vertrauen muss man sich erarbeiten", heißt ein geflügeltes Wort. Aber wie erwerbe ich Vertrauen? Wenn ich verlässlich bin. Wenn ich das, was ich zusage, auch einhalte. Wenn ich da bin, wenn der andere mich braucht. Wenn ich nicht belüge und betrüge. Dann kann die kleine Mimose „Vertrauen" wachsen.

Ein Richter ging neulich in den Ruhestand. In einem Interview gestand er: „Ich traue Menschen das Schlimmste zu." Wem kann man dann noch wirklich vertrauen?

Vertrauen ist der Frieden stiftende Mörtel, der viele Menschen mit all ihren Ängsten und Erwartungen in einer Gesellschaft zusammenhält. Ohne Vertrauen könnte man sich eine Familie, ein Dorf oder ein Land gar nicht vorstellen. Es würde kaum etwas funktionieren, die Menschen würden sterben vor Angst: jeder Mitmensch vielleicht ein Verbrecher, gar die eigenen Kindern Räuber und die Verwandtschaft potenzielle Mörder!

In den Evangelien ist nicht überliefert, dass Jesus über Vertrauen geredet hat. Doch sein Reden und Handeln zeigen klar: Er vertraute seinem Vater rückhaltlos. Ja er schenkte Sündern Vertrauen, die in unseren Augen nicht vertrauenswürdig gewesen wären. Ein einziges Mal ist in den Evangelien von „vertrauen" die Rede. Die Menschen, die am Kreuz auf Golgatha vorübergingen, die Schriftgelehrten und Ältesten sagten: „Andern hat er geholfen und kann sich nicht selber helfen. Ist er der König von Israel, so steige er nun vom Kreuz herab. Dann wollen wir ihm glauben. Er hat Gott vertraut, der erlöse ihn nun, wenn er Gefallen an ihm hat, denn er hat gesagt: Ich bin Gottes Sohn" *(Matthäus 27,42.43)*. Purer Zynismus. Vertrauen hier als anscheinend vergebliche Hoffnung auf den Allerhöchsten.

Apostel Paulus schreibt im Römerbrief über Abraham: „Er wusste aufs allergewisseste: Was Gott verheißt, das kann er auch tun" *(Römer 4,21)*. Absolutes Vertrauen in Gott leuchtet hier auf. Vertrauen ohne die Sicherheit, dass Gott tun „muss", was wir wünschen.

Der Schreiber des Hebräerbriefes bittet flehentlich: „Werft euer Vertrauen nicht weg, welches eine große Belohnung hat … damit ihr den Willen Gottes tut und das Verheißene empfangt" *(Hebräer 10,35.36)*. Es ist aufschlussreich: Ohne Vertrauen in Gott wird es schwer, seinen Willen zu tun. Und ohne Gottes Willen zu tun, ist es schwer, das Verheißene zu empfangen.

Die Menschen, an die der Hebräerbrief gerichtet war, hätten allen Grund gehabt, das Vertrauen in Gott wegzuwerfen. Es ist die Rede davon, dass sie Schmähungen, Bedrängnisse, Gefangenschaft und Raub der Güter erleiden sowie die Enttäuschung verdauen mussten, dass einige die Versammlungen der ersten Christen verlassen hatten.

Es ist eine Frage unseres Willens, ob wir nach Enttäuschungen neues Vertrauen schenken. Es ist eine Frage unseres Glaubens, ob wir „aufs allergewisseste" Gott vertrauen. Was er verheißt, kann er auch tun! Abraham war sich ganz sicher darin. Und ich?

Der tägliche Kampf

Ein alter Indianer erzählte eines Abends seinem Enkel eine Geschichte: „In den Menschen tobt jeden Tag ein heftiger Streit. Zwei Wölfe kämpfen in uns. Der eine Wolf ist böse, reizt zu Ärger und Wut, schürt Neid und Eifersucht, quält mit Sorgen und Leid, fördert Gier und Überheblichkeit, verleitet zu Selbstmitleid und führt in Schuld, ruft Groll und Minderwertigkeitsgefühle hervor, verführt zu Lügen und arrogantem Stolz, macht fanatisch und egoistisch.

Der andere Wolf ist gut. Er schenkt Freude, Frieden, Liebe, Hoffnung, Gelassenheit, Demut und Bescheidenheit, Freundlichkeit, Barmherzigkeit, Mitgefühl, Großzügigkeit, Wahrheit, Erbarmen und Glauben."

Der Enkelsohn dachte nach und fragte: „Welcher Wolf ist stärker und gewinnt den Kampf?" Der alte Indianer lächelte: „Ganz einfach: Es siegt der Wolf, den du fütterst!"

Das Gute wie das Böse wohnt in unserem Herzen. Doch was ist gut? Was ist böse? Welchen Maßstab legen wir an? Für viele Menschen ist „gut" nur das, was ihnen selber nützt, ihre Ziele zu erreichen. Sie fahren die Ellbogen aus und bahnen sich ihren Weg. Sie gehen notfalls über Leichen. Andere Menschen sagen, „gut" ist das, was meinem Nächsten dient. Diese Menschen leben in der Gefahr, sich selbst zu vergessen, ihre eigenen Ziele zu verraten. Dann kann das „gut Gemeinte" umschlagen und für den, der immer nur gibt, in böser Frustration und Depression enden.

Christen haben einen Maßstab für das Gute und das Böse: Was gut und was böse ist, können sie in der Heiligen Schrift aus den Offenbarungen Gottes entnehmen. In manch verzwickter Situation und Lebenslagen erkennen wir aber nicht sofort, was gut und was böse ist. Für diesen Fall haben wir drei Werkzeuge: Unseren klaren Verstand. Unseren Glauben an den Herrn. Unser Gebet. Diese drei helfen Entscheidungen zu treffen, was gut und böse ist.

Ob wir gut handeln oder Böses tun – wir entscheiden es. Diese Entscheidung, welchen Wolf wir füttern, fällt oft schwer, tut weh, ist manchmal teuer: Sie kann Tränen, Geld und die Zuneigung anderer Menschen kosten. Wer sich nicht klar entscheidet, der hat sich oft genug dafür entschieden, andere tun zu lassen, was sie wollen. Dann hat der Nicht-entscheiden-Wollende keine Chance, das Gute zu tun. Die anderen werden handeln und über ihn bestimmen. Er kann nur noch jammern und klagen: „Wie böse und schlecht ist doch die Welt!" Wer sich nicht entscheidet, der lässt zu, dass der böse Wolf siegt.

Bitte sei mutig! Entscheide dich ganz klar. Morgens, wenn du aufstehst und betest: Entscheide dann und sage es dir laut und ganz klar, welchen Wolf du heute füttern willst. Wenn du es dem Zufall überlässt, wird der böse Wolf viel zu oft siegen. Dann sinkt dein Mut, dem bösen Wolf keine Nahrung hinzuwerfen. Zugleich wächst die Angst vor dem großen, bösen, siegreichen Wolf schneller, als uns lieb sein kann. Wir fühlen uns dann ganz schwach und klein, fühlen uns ohnmächtig und geben den Kampf auf. Wir aber sollen ringen nach dem Willen Jesu: „Ringt darum, dass ihr durch die enge Pforte hineingeht" *(Lukas 13,24)*. Sorgen wir für klare Verhältnisse in uns. Füttern wir den richtigen Wolf.

Zauber der Dankbarkeit

Eva ist eine Frau, die ihre Umgebung immer wieder überrascht. Eigentlich ist sie traurig in ihrem Herzen. Ihr Leben ist voller Sorge, Krankheit, Familienprobleme. Doch sie kann so unwiderstehlich strahlen. Sie lächelt den Gesprächsparter an, nimmt manchmal sogar seine Hände in ihre und sagt „Danke". Danke, dass du für mich betest, Danke, dass du mir zuhörst, Danke, dass du mir einen Rat gibst.

Wann habe ich, wann haben Sie einem Menschen zuletzt von Herzen „Danke" gesagt?

Ein undankbarer Mensch hat selten gute Laune. Er ist mit sich beschäftigt. Er überlegt, was ihm noch fehlt, was der Nächste noch für ihn tun könnte. Oder was ihm der Nächste noch nicht gegeben hat, worauf er aber Anspruch zu haben glaubt. Undankbare Menschen vergleichen häufig: Geht es meinem Nachbarn, meiner Kollegin besser als mir? Und wenn das in ihren Augen so ist, dann ist es nicht mehr weit zur wertenden Anklage: „Das ist ungerecht. Das darf nicht sein! Wie kann Gott das zulassen!"

Eine Dame beschrieb ihr Lebensgefühl mal so: „Ich bin ständig auf der Hut, denn viele Menschen sind nicht ehrlich. Wenn sie mir einen Cent schenken, wollen sie einen Euro dafür zurück." Wenn ich so denke, erwarte ich nichts Gutes vom Nächsten – und das wird sich auch so erfüllen. Denn in meinen negativen Erwartungen werde ich selten enttäuscht. Das ist ein tückischer Teufelskreis. Wie will diese Dame aber mit so einer negativen Erwartung fröhlich werden? Wofür soll sie dankbar sein?

Eine positive seelische Grundstimmung und Dankbarkeit gehen Hand in Hand. Diesen Satz habe ich neulich gelesen. Ob er stimmt?

„Nun danket alle Gott!" Wofür ihm danken? Stellt er uns doch immer wieder in bittere Prüfungen. Lässt er uns zappeln, wenn wir dringend Hilfe brauchen. Verweigert er uns, was uns so gut täte.

In einem Ratgeber zur Dankbarkeit steht eine kleine Übung: „Gleichgültig, in welcher Stimmung Sie gerade sind, machen Sie folgende Übung: Zählen Sie an Ihren Fingern fünf Dinge ab, für die Sie dankbar sind." Das kann der Regentropfen oder der Sonnenstrahl sein. Wichtig sei, die Dankbarkeit wirklich zu fühlen. Weiter wird empfohlen, diese Übung jeden Tag zu machen. Und jeden Tag fünf andere Gründe zu finden.

Ich will diese Übung machen. Ich bin gespannt, wie viele Tage ich brauche, bis sich die Gründe wiederholen, für die ich meinem Schöpfer dankbar bin. Neugierig bin ich auch, wie viele Leserinnen und Leser mitmachen bei dieser Dankbarkeitsfingerübung. Und spannend finde ich, wie sehr sich meine Stimmung durch den Zauber der Dankbarkeit ins Positive verändern wird. Wie viel Positives werde ich wohl an Schwester und Bruder, an meinem Nächsten entdecken? Werde ich den Segen und die Gnade Gottes in meinem Leben ganz deutlich erkennen? Werden die Sorgen und Nöte an Gewicht verlieren und trübe Stunden heller werden?

Ich will es einfach versuchen – es klingt ja so banal und kostet keine zwei Minuten Zeit. Ich will meinem Gott jeden Tag für fünf andere Dinge Dank sagen und dabei auch wirklich Dank empfinden.

Was ist Wahrheit?

Schwester Bellermann sah im Fernsehen eine Sendung. Eine Bügelstation wurde hoch gelobt. Ein Schnäppchenpreis, gilt nur drei Tage lang. Schwester Bellermann bestellte. Als sie am folgenden Wochenende in die Stadt fuhr, sah sie eine gleichwertige Bügelstation um ein Drittel günstiger. Nun ärgerte sie sich. Was die Fernsehwerbung ihr vorgegaukelt hatte, war nur die halbe Wahrheit.

Rainer Pfiffig sagte seiner Frau, er müsse in nächster Zeit oft auf Dienstreise. Seine Frau bedauerte ihn, denn Dienstreisen sind oft anstrengend. Später erfuhr sie, dass die Sekretärin ihres Mannes jedes Mal im selben Hotel, sogar im selben Zimmer wie ihr Mann übernachtete. Es gab also außer den betrieblichen Gründen noch einen weiteren Grund für die Häufigkeit der Dienstreisen des Rainer Pfiffig. Er hatte nicht gelogen – aber auch ganz sicher nicht die Wahrheit gesagt.

Kluge Menschen behaupten, der Mensch lüge täglich zigmal, von Kindesbeinen an. Diese Ansicht sollte jeden wachrütteln: Sei nicht zu vertrauensselig! Wenn du Zweifel an einer Behauptung, einer Aussage hast, frage präzise nach, prüfe hartnäckig. Doch wir können nicht alles hinterfragen. Wenn wir den Wahrheitsgehalt einer Aussage nicht prüfen können, müssen wir Vertrauen schenken oder im Zweifel bleiben. Pontius Pilatus, dieser skeptische Mann, hörte wohl, was Jesus ihm sagte. Er schenkte dem Sohn Gottes kein Vertrauen, denn er konnte nicht prüfen, was Jesus ihm sagte. Deshalb blieb er im Zweifel: „Was ist Wahrheit?" *(Johannes 18,38).*

Diese Skepsis hilft dem Menschen, Enttäuschungen zu vermeiden, Verletzungen zu verhindern. Je mehr Informationen Tag für Tag auf uns einprasseln, desto skeptischer sollten wir sein. Viele Menschen und Institutionen suchen ihren Vorteil. Sie lügen bewusst oder sagen uns nur die halbe Wahrheit. Daran können wir nicht viel ändern. Wir können uns aber darauf einstellen. Jeder frage sich selbst: Wie halte ich es mit der Wahrheit? Wie halte ich es mit dem Gebot: „Du sollst nicht falsch Zeugnis reden wider deinen Nächsten"? Es kann sein, dass wir nichts als die Wahrheit sagen und dennoch grob gegen das Gebot verstoßen. Dann nämlich, wenn wir einen wichtigen Teil der Wahrheit unterschlagen. So wie die Schlange im Paradies: Wenn ihr von der Frucht esst, werden eure Augen aufgetan. Ja, das stimmte schon, aber es war nur ein kleiner Teil der Wahrheit.

Halbwahrheiten und Lügen zerstören Vertrauen und Glauben. Wer freut sich schon, wenn er hinters Licht geführt und getäuscht wird. Doch die Gefahr lauert jeden Tag. Wem können wir noch vertrauen? Gott in jedem Fall und guten Freunden zuallermeist. Pflegen wir die Verbindung zu ihnen. Wir brauchen sie als verlässliche Ankerplätze in einer Welt, der wir besser nicht zu sehr vertrauen. Und wir brauchen Gott als festen Grund, der uns weit über diese Welt hinaus verlässlich trägt.

... die reinen Herzens sind.

Die Kraft der Gefühle

Kleine gute Taten

An der Kasse eines Drogeriegeschäftes sagt ein Kunde zur Kassiererin: „Ach, behalten Sie es. Ich habe heute noch nichts Gutes getan." Er gibt ein wenig „Trinkgeld". Die Kassiererin freut sich sichtlich über dieses ungewöhnliche Verhalten und legt den Betrag in ihre „Kaffeekasse", wie sie sagte. Zu billig, um darüber zu reden?

Es scheint den Menschen schwerzufallen, Gutes zu tun. Besonders dann, wenn es etwas Kleines ist, das keinen Ruhm, das wenig Anerkennung verspricht. Aber gerade diese Kleinigkeiten verlangen unsere Aufmerksamkeit. Wir müssen zuvor erkennen, woran es dem Nächsten mangelt, was er dringend braucht. Oft sind es Kleinigkeiten, und die erkennt man nur, wenn man genau hinsieht, mit den Augen und dem mitfühlenden Herzen. Drei Dinge sind es, die uns oft abhalten, Gutes zu tun, obwohl wir's tun wollen. 1. Unsere Aufmerksamkeit ist anderen Dingen zugewendet. Wir nehmen den Nächsten und seine Sorgen kaum wahr. 2. Wenn wir selbst das Gefühl haben, zu kurz gekommen zu sein, dann fällt es doppelt schwer, dem anderen etwas zu schenken. Und der Zeitgeist ist ein Meister darin, tagaus, tagein uns mit der Nasenspitze darauf zu stoßen, was uns „fehlt", was wir unbedingt noch haben müssen. 3. Manchmal fehlt das Gefühl, unendlich reich zu sein. Reich an der Liebe, die Gott in uns ausgegossen hat. Und wer sich arm fühlt unter lauter Reichen, der neigt eher zum Nörgeln als zum Danken und zum Liebe-Verströmen. Oft nehmen wir uns nach einem Gottesdienst vor, endlich etwas zu ändern und uns im besten Sinne des Wortes christlich zu verhalten. Wie oft es uns wirklich gelingt, diesem Vorsatz Taten folgen zu lassen, wissen wir selbst und der himmlische Vater. Unser Herr kennt unseren täglichen Kampf. Jeder Weg beginnt mit dem ersten Schritt. Trauen wir uns doch! Machen wir ihn! Lieber mit Gottes Hilfe Mut beweisen, als durch übergroße Bedenken eine Chance verstreichen lassen.

Wir haben es wohl schon oft erfahren, mit wie wenig Aufwand wir für einen Augenblick, aber auch auf Dauer Gutes wirken konnten. Ein Lob zur rechten Zeit, ein bisschen Aufmerksamkeit da und dort, ein wenig Zuhören, ein Lächeln oder nur eine kleine Anerkennung.

Eine Lehrerin hat mit ihrer Güte einem blinden Schüler eine großartige Lebensperspektive eröffnet: Im Klassenzimmer hatte sich eine Maus verirrt. Die Lehrerin hat die Schüler gebeten, ihr zu helfen, die Maus zu finden. Eine Zeitlang lärmten die Schüler durch die Klasse und klopften gegen jedes Versteck. Sie hofften, dass die Maus vor lauter Panik herausrennen würde. Doch die dachte nicht daran. Eine Weile schaute die Lehrerin dem fruchtlosen Treiben zu. Dann gebot sie Einhalt: „Seid mal bitte alle still. So fangen wir die Maus nie. Bis jetzt wissen wir noch nicht einmal, wo sie sich versteckt hält. Wir sollten ganz anders vorgehen." Sie bat alle, ganz still zu sein, und forderte einen ihrer Schüler auf, genau hinzuhören, wo sich die Maus versteckt hielt. Dieser Schüler war blind, konnte aber ganz leise Geräusche hören und die Richtung orten, aus der sie kamen. Schon bald sagte er: „Die Maus sitzt hinter diesem Schrank." Und wirklich, dort fanden die Schüler das Mäuschen, fingen es und ließen es im Garten wieder frei. Dieses Erlebnis hat dem blinden Jungen viel Mut gemacht. Er wurde später ein anerkannter Musiker. Der erste Schritt war entscheidend. Die Lehrerin hatte ihn bildlich gesprochen an die Hand genommen und ist mit ihm den ersten Schritt gegangen.

Schau dich um. Vielleicht wartet dein Nächster neben dir darauf, dass du den ersten Schritt auf ihn zugehst. Vielleicht den ersten Schritt mit ihm tust in die Freiheit eines Christen. Schieben wir es nicht auf die lange Bank. Machen wir noch heute den ersten Schritt zur guten Tat – und sei sie noch so klein.

Meine Gemeinde! Meine?

Die Dirigentin sagt „mein Chor", der Vorsteher spricht von seiner Gemeinde, das Kind erzählt seinem Spielkameraden: „Ich
gehe in meine Kirche." Sie könnten auch sagen: „Der Chor",
„die Gemeinde" oder „Ich gehe in die Kirche". Die Sprache
verrät viel. Nicht umsonst gibt es das Sprichwort: „Rede, damit
ich dich erkenne!" Wenn die Dirigentin, der Vorsteher und das
Kind „mein" sagen, dann drücken sie damit eine besondere
emotionale Nähe aus. Sie benutzen dieses besitzanzeigende
Fürwort „mein" wohl in dem Sinne, dass sie gerne Teil dieses
Chores, dieser Gemeinde, dieser Kirche sind. Sie identifizieren
sich mit dieser Gruppe von Menschen.

Sicher gibt es Einzelfälle, wo ein solches „mein" ein Herr-
schaftsverhältnis andeutet. Wo ein Mensch andere Menschen
sozusagen als persönlichen Besitz sieht. Dann kann er nicht
mehr dienen im christlichen Sinn, sondern dann herrscht er
über die anderen. Doch über diese unguten Dinge soll hier
nicht gesprochen werden. Wenden wir uns lieber denen zu, die
sich als dienstbaren Teil „ihrer" Gemeinde verstehen.

Stammapostel Leber hat in einem Ämtergottesdienst sinngemäß gesagt: „Es fragen nur noch wenige Menschen nach
Gott. Das Christentum – speziell in Europa – verliert an Boden.
Auch wir bleiben von solchen Entwicklungen nicht unbe-
rührt." Daran knüpfte er den Aufruf: „Wir brauchen starke,
lebendige Gemeinden!" Stark und lebendig sind Gemeinden
jedoch nur dann, wenn sich die Mitglieder identifizieren mit
ihr. Wenn sie „meine Gemeinde" fühlen, denken und sagen.
Das bedeutet, dass sie sich mitverantwortlich fühlen für die
Gemeinde. Doch eine solche Haltung ist ziemlich unmodern.
Wer in seinem Profil auf einer Internetseite oder sonst wo
angibt, er arbeite aktiv mit in einer Gemeinde und helfe denen,
die es nicht so gut haben, der fällt auf! Eine Schwester berich-
tete sehr erstaunt.

Eine starke, lebendige Gemeinde kann mich und dich auffangen und sogar tragen, wenn wir im Leben oder im Glauben stolpern oder hinfallen. Sie bietet Schutz, man kann sich anlehnen, Halt finden wie an einem großen Baum. Wer braucht nicht wenigstens einmal im Leben so einen sicheren Halt? Doch so eine starke Gemeinde entsteht nur dort, wo sich die Einzelnen identifizieren mit ihr, sich einbringen. Stärke entsteht dort, wo miteinander geredet wird, offen, ehrlich, tolerant und liebevoll. Wir kennen alle die Tatsache, dass man einen Stab allein leicht brechen kann, viele Stäbe, die parallel und eng beieinander liegen, aber kaum. Da wir kein willenloses, totes Holz sind, müssen wir miteinander reden, um solche Stärke hervorzurufen.

Jeder Einzelne ist gefragt, sich einzubringen mit seinen Gaben und Fähigkeiten. Gemeinde, Gemeinschaft ist dann stark, wenn möglichst keiner am Rande steht als konsumierender Beobachter, sondern alle mittendrin tätig sind. Dann entsteht eine starke Gebetsgemeinschaft. Dann ist die ätzende Gleichgültigkeit, die größte Feindin der christlichen Nächstenliebe, ein Fremdwort. Jede Gemeinde lebt auf, wenn neue Ideen ins Gespräch gebracht werden. Miteinander darüber reden, was noch schöner, noch mitreißender sein könnte. Es geht hier beileibe nicht um das rigorose Durchsetzen individueller Vorlieben! Es geht darum, miteinander im fruchtbaren Gespräch zu bleiben und das gemeinsam für gut Bewertete umzusetzen. Vielleicht schieben wir die Verantwortung für „unsere lebendige Gemeinde" noch zu sehr den Amtsträgern zu. Wir können sie in ihrem Auftrag unterstützen. Sprechen wir mit ihnen.

Es wäre doch schön, wenn wir nicht nur stolz die Fotos herumzeigen könnten: „Mein Haus, mein Auto, meine Yacht, mein Urlaub", sondern auch freudig von „meiner Gemeinde, meinen Geschwistern, meinem Chor, meinem Orchester, meiner Kirche" erzählen würden. „Mein" allein in dem Sinne verstanden: Ich arbeite daran mit, ich bringe mich ein, es ist mir eine Herzenssache. Eine schöne Illusion? Machen wir Realität daraus!

Stein des Anstoßes

Bitteres haben die Geschwister erlebt. Da bemerkte eine Schwester in einer Chorprobe, wie belastet die junge Glaubensschwester neben ihr im Chor war. Nach der Probe fragte sie liebevoll, ob die junge Sängerin Probleme hätte. Das hätte sie besser nicht getan. Ein finsterer Blick traf sie und die patzige Antwort: „Ich such mir selber aus, mit wem ich über meine Probleme rede." Das tat weh. Tagelang kämpfte die ältere Schwester mit sich, um diese Verletzung vergeben zu können. In einem Gottesdienst sagte der Vorsteher: „Da gibt es Geschwister, die bauschen Kleinigkeiten auf und machen sich selbst das Leben damit schwer, anstatt einfach zu vergeben …" Danach betete sie ernsthaft für die junge Schwester, und nach Tagen kehrte wieder Ruhe in ihr Herz ein.

Eine andere Schwester arbeitete für die Familie, den Beruf, war für Freunde da, wirkte in der Kirche mit. Nur mit Aufputschmitteln schaffte sie ihr Riesenpensum, bevor sie dann doch zusammenbrach. Sie rappelte sich langsam auf. Viele beteten für sie, und sie genoss diese Fürbitten. Dann kam die Stagnation. Über Wochen veränderte sich nichts zum Besseren. Zwei Sätze im Gottesdienst brachten die Wende: „Der liebe Gott hört unser Gebet. Wie beten wir?" Dieser Anstoß war ein Schlüsselerlebnis für die Schwester: Sie fühlte, dass es an der Zeit war, aktiv zu werden.

Eine junge Glaubensschwester fühlte sich völlig unverstanden von ihrer Verwandtschaft. Nachdem ihr kleines Geschwisterchen auf der Welt war, wurde sie von der lieben Verwandtschaft mit Nichtachtung gestraft. Selbst als ihre Eltern die Verwandten baten, ihr Verhalten zu ändern, tat sich nichts. Die junge Schwester war völlig aufgelöst und betete, Gott möge ihr einen Weg zeigen, den sie gehen könne. Das Wort Gottesdienst fühlte sie allein auf sich gerichtet. Wenn man es schaffe, denen zu verzeihen, die an einem gesündigt haben, dann werde man Zeuge eines Wunders werden. Mühsam setzt sie dies in die Tat um und erfährt dabei: Wunder dauern manchmal lange, aber sie geschehen, wenn man sich nicht vom Weg abbringen lässt.

Solche Steine tun oft höllisch weh. Manchmal ist sogar das Wort Gottes ein solcher Stein. Wir haben es in der Hand, was dieser Schmerz in uns bewirken darf. Ein solcher Stein des Anstoßes bringt den Menschen ein wenig aus seiner Bahn. Der Mensch muss sich neu orientieren und mit Gefühlen wie Schmerz, Wut und Hilflosigkeit umgehen. Das erschüttert, doch eröffnet es auch neue Horizonte und schenkt die Chance, sich und andere Menschen besser kennenzulernen. Und auch unseren himmlischen Vater mit seiner Hilfe. Jesus Christus war so ein Stein des Anstoßes. Als ein „Eckstein, den die Bauleute verworfen haben" *(Markus 12,10)*, beschreibt ihn die Bibel. „Selig ist, wer sich nicht an mir ärgert" *(Matthäus 11,6)* stellte der Gottessohn klar. Seine Lehre ist schon „anstößig". Den Feind zu lieben, die Gebote zu halten und dabei nicht engstirnig zu werden, sondern ein Herz voller Gnade und Erbarmen zu behalten, das hat schon mancher als unerfüllbaren Anspruch empfunden. Meinem Bruder, der reuig zu mir kommt, 70 mal siebenmal zu vergeben – bei dieser Aufforderung Christi bleibt auch dem Frömmsten die Luft weg. Das lässt sich nicht im Vorübergehen erledigen. Das ist lebenslanges Abarbeiten an dem Eckstein Jesus Christus.

Es wäre zynisch und ganz und gar unchristlich, anderen solche Steine in den Weg zu legen, damit sie sich daran stoßen. Doch wenn wir selbst einen solchen Anstoß erleiden, ist es gut, sich das Wort des Apostels Paulus an die Römer zu eigen zu machen: „... dass denen, die Gott lieben, alle Dinge zum Besten dienen" *(Römer 8,28)*. Dann können wir unseren Schmerz, unsere Wut, unsere Erschütterung und Ohnmacht im Sinne Christi produktiv werden lassen: „Wozu, Herr, soll das dienen?" Und er wird uns eine Antwort geben. Nicht immer sofort. Vielleicht erst am Tag Christi.

Selbstoffenbarung

Anton beschimpft seinen Mitschüler Andreas. Andreas hatte sich ungefragt den Radiergummi von Anton ausgeliehen. Mit Kraftausdrücken beleidigt Anton seinen Kollegen. Der Lehrer mahnt zur Ruhe und greift den Fall im Unterricht auf: „Ich kann den anderen mit wenigen Worten beschimpfen, beleidigen oder lächerlich machen. Dabei muss das gar nicht wahr sein, was ich sage. Der Beschimpfte ist kein Esel, auch wenn ich ihm diesen Tiernamen noch so oft an den Kopf werfe. Aber ich sage in diesem Moment eine ganze Menge über mich aus. Ich stoße den anderen aus der menschlichen Gesellschaft aus. Ich erhebe mich über den anderen. Ich halte ihn für minderwertig, betrachte ihn als Unmenschen. Ich gebe von mir preis: Ich habe keine Argumente, mir geht es nicht gut; mein seelisches Gleichgewicht ist aus den Fugen geraten, deshalb greife ich den anderen an; ich habe schlecht gefrühstückt, meine Freundin hat mich verlassen oder ähnlich Schlimmes. Der Esel bin vielleicht ich."

„Rede, damit ich dich erkenne!" Es wäre viel friedlicher auf dieser Welt, wenn jeder dieses Sprichwort ernst nähme. Manche Beleidigung bliebe ungesagt, mancher sprachliche Säbel ohne Blut. Und fragen wir uns selbst einmal: Wenn wir den Nächsten vor aller Welt lächerlich machen, ihn schmähen, ihn beleidigen und ihm reflexartig nur noch Übles und Böses unterstellen, ohne den Sachverhalt zu prüfen – werden wir dann dem Beispiel des Meisters gerecht, der selbst den Jüngern die Füße gewaschen hat, die ihn in Gethsemane und auf Golgatha schmählich im Stich ließen *(Johannes 13,1 ff.)*? Es ist unmöglich, Gott zu lieben und zugleich seine Schwester, seinen Bruder zu hassen oder sie zu verspotten. Die Heilige Schrift ist hier unerbittlich. Lesen wir die Bergpredigt im Evangelium des Matthäus *(Matthäus 5 ff.)*.

Das Internet ist ein Medium, das viele Chancen bietet. Auch dem, der sich vor großem Publikum darin gefällt, seinen Nächsten in Gift und Galle zu ertränken. In zwischen sind die Menschen, die ein Internet-Forum bereithalten, verpflichtet, ständig darüber zu wachen, ob jemand strafbare Handlungen darin begeht – etwa Ehrabschneidendes oder erkennbar unwahre Behauptungen in ihr Forum eingestellt hat. Ob es die Flut übler Nachrede eindämmen wird?

2000 Jahre Christentum haben offenkundig nicht vermocht, im christlichen Abendland eine Kultur christlichen Umgangs miteinander zu schaffen und fest in Herz und Hirn der Christen zu verankern. Schade. Ein Grund, zu resignieren und die Verrohung der Sitten mitzumachen?

Der Sohn Gottes prophezeite, dass die Liebe in vielen erkalten werde. Die Gefahr ist akut und umgibt jeden. Erinnern wir uns an das „Dennoch bleibe ich stets an dir" *(Psalm 73,23)* des Psalmsängers. Er hatte das Lästern der Gottlosen gehört und wäre schier gestrauchelt. Aber er wollte nicht reden wie sie. Wir können uns diesen Psalmsänger als Vorbild nehmen. Vermeiden wir es, Scheltwort mit Scheltwort zu vergelten. Im Vertrauen auf Gott können wir nach der Empfehlung seines Sohnes handeln und nicht mehr Auge um Auge, Zahn um Zahn rächen.

Das wiederum heißt nicht, sachlichen Diskussionen auszuweichen. Auch nicht, darauf zu verzichten, Unrecht klar zu benennen und Verstöße gegen das Gesetz der Justiz zu melden. Die Würde des Menschen soll auch in heftigen Auseinandersetzungen unantastbar bleiben.

Christlich ist es, nicht mit gleicher Münze heimzuzahlen. Denken wir daran: Die Worte, die wir dem Nächsten an den Kopf werfen, sagen am meisten über uns selbst aus.

Gott liebt dich – du dich auch?

„Lasst uns lieben, denn er hat uns zuerst geliebt" *(1. Johannes 4,19)*. Wer seinen Nächsten lieben will, muss wissen, was Liebe ist, sonst kann er es nur schwer tun. Er muss es sonst mühsam lernen. Wer von Kindesbeinen an eingetrichtert bekam, an ihm sei überhaupt nichts Liebenswertes, muss darum kämpfen, sich selbst annehmen und lieben zu lernen. Hören wir uns doch einfach mal um, wie viel Böses, Gemeines, Demütigendes Menschen erdulden mussten, so dämmert es uns, weshalb so wenig Liebe auf Erden ist.

Jesus Christus lädt alle Menschen ein, ihre Sorgen auf ihn zu werfen. Er hat nicht versprochen, die Sorgen wegzunehmen. Aber er hat zugesagt zu erquicken *(Matthäus 11,28)*. Er will Ruhe schaffen, neue Kraft schenken, den Blick weiten und die Hoffnung beleben. Wem es schwerfällt, dem Nächsten Fehler zu vergeben, ihn anzunehmen, wie er halt nun mal ist, der sollte in sich gehen. Wahrscheinlich hat er seelische Verletzungen erlitten. Vielleicht trägt er sie seit Jahrzehnten mit sich herum, und sie schmerzen immer noch. Manchmal sind ihm diese Wunden gar nicht mehr bewusst, und doch schränken sie ein: Diese Verletzungen fesseln unsichtbar.

Mancher schleicht sich durchs Leben, ängstlich darauf bedacht, keine Fehler zu machen. Ihm wurde als Kind vielleicht eingetrichtert: „Du machst alles falsch, bist zu dumm, hast zwei linke Hände." Wie schwer kann dieser Mensch den Blick fröhlich schweifen lassen und das Gute, das Liebenswerte am Nächsten erkennen, wenn er von Kindesbeinen an darauf getrimmt wurde, hauptsächlich Fehler wahrzunehmen.

Ein anderer wurde geschlagen oder schwer bestraft für kleinste Verfehlungen. Es liegt nahe, dass dieser Mensch Angst und auch Rache obenan in seinem Herzen trägt. Aus diesem Grund wird es ihm nicht leichtfallen, Christi Gebot zu erfüllen. Ja vielleicht glaubt er nicht einmal wirklich daran, dass Gott ihn liebt und ihm gnädig ist. Gott sieht das Herz an. Er kennt uns durch und durch – auch die Verletzungen und Behinderungen, die unsere Seele erlitten hat. Er liebt uns dennoch. Menschen sehen meist nur, was vor Augen ist. Deshalb fällt es uns schwer, den Nächsten in seiner ganzen Person zu würdigen. Wir können nicht erkennen, ob jemand sich größte Mühe gibt, seinen Nächsten zu lieben wie sich selbst, oder ob jemand dieses Gebot Christi lässig handhabt. Diese Erkenntnis soll uns davor schützen, voreilig über irgendjemand den Stab zu brechen.

Jedes Kind Gottes darf sich und den Nächsten mit den Augen des himmlischen Vaters betrachten. Was sehen wir dann? Sünder, die des Ruhmes mangeln, den sie vor Gott haben sollten. Aber liebenswerte Sünder, für die Gott seinen Sohn auf diese Erde gab: „Also hat Gott die Welt geliebt, dass er seinen eingeborenen Sohn gab, damit alle, die an ihn glauben, nicht verloren werden, sondern das ewige Leben haben" *(Johannes 3,16)*. So sehr liebt der Herr dich! Liebst du dich auch? Dann kannst du auch den Nächsten wirklich lieben.

Grenzwerte

Sie sind ein großer Segen, wenn sie richtig justiert wurden, die Grenzwerte. Einen Motor kann man schnell zerstören, wenn man Vollgas gibt bis zum Abwinken. Der Motor überdreht. Findige Ingenieure haben Drehzahlbegrenzer in Motoren eingebaut, damit die Grenzwerte eingehalten, sprich zu hohe Drehzahlen vermieden werden. Doch auch ein Motor, der ständig untertourig bewegt wird, leidet Schaden.

Sicherheitsgurte im Auto haben schon viele Menschenleben gerettet. Bei schweren Unfällen treten jedoch so hohe Kräfte auf, dass Sicherheitsgurte Rippenbrüche und innere Verletzungen hervorrufen können. Es gibt Grenzwerte für die Kräfte, die auf den Körper einwirken dürfen, ohne dass er Schaden erleidet. In vielen Sicherheitsgurten sind deshalb Gurtkraftbegrenzer eingebaut, die verhindern, dass diese Grenzwerte überschritten werden. So ist der Autofahrer noch besser vor Verletzungen geschützt.

Viele Grenzwerte sind nicht für jeden Menschen präzise festzulegen. Es gibt einen Übergangsbereich. Doch wenn ein Mensch ein Jahr lang jede Nacht nur drei Stunden schläft, verletzt er den Grenzwert für Schlaf ganz bestimmt. Er wird höchstwahrscheinlich unangenehme Folgen ertragen müssen.

In der neuapostolischen Kirche werden unglaublich viele ehrenamtliche Dienste geleistet. Freiwillig, mit Engagement und viel Glaubensfreude. Das verdient höchste Anerkennung. Der Herr mag jede Handreichung, jedes gute Wort reichlich lohnen.

Da sind Kinder, die neben ihrem Schulunterricht und dem Unterricht in der Kirche Instrumente spielen lernen und die Geschwister mit ihren Talenten erfreuen. Da sind Jugendliche, die sich vielfältig in der Gemeinde und im Bezirk engagieren – neben ihrer Ausbildung. Da sind berufstätige Schwestern, die ihre Familie versorgen, ihre Kinder erziehen, ihrem Mann ein motivierender Partner sind und in Chor, Orchester, bei der Kirchenreinigung und in der Sonntagsschule mithelfen. Da sind auch Amtsträger, die sich voller Hingabe der annehmenden Seelsorge widmen, die sich gewissenhaft auf die Gottesdienste vorbereiten, für ihre Familie da sind, kranke und alte Geschwister besuchen, um mit ihnen heiliges Abendmahl zu feiern, Trauerfeiern durchführen und immer wieder Geschwister motivieren, ihre Gaben einzubringen in das Werk des Herrn. Wichtig dabei: gute Zeiteinteilung, Organisationstalent, Schwung und Begeisterung aus dem Glauben heraus und ein Gespür dafür, wann der persönliche Grenzwert überschritten wird. Und der Mut, sorgsam bei allem Engagement die eigenen Grenzen zu achten.

Es wäre den Kindern nicht damit gedient, wenn Mutter und Vater stets für andere Menschen Zeit und offene Ohren hätten, sie aber täglich hören müssten: „Muss jetzt zu Bruder X oder Schwester Y. Habe leider keine Zeit für dich, mein Kind." Es wäre keiner Gemeinde gedient, wenn Amtsträger oder Geschwister überlastet und mit schlechtem Gewissen wirken würden. Daraus könnte nur sehr eingeschränkt Segen erwachsen.

Das ist kein Appell, weniger zu tun im Werk des Herrn! Vielmehr eine Aufforderung, die Arbeit zum Wohle aller auf mehr Schultern zu verteilen. Ein Tagwerk für den Heiland, das bleibt der Mühe wert! Aktiv sein weckt Freude und setzt Kräfte frei – zu unserem eigenen Wohl und dem unseres Nächsten. Achten wir dabei unsere Grenzen.

Richtig oder falsch

Neulich sagte eine Schwester: „Ach, wäre das schön, wenn die Amtsbrüder ganz klar sagen würden, mach dieses und lass jenes. Dann wäre das Leben so einfach. Dann wüsste ich immer, was falsch und was richtig ist." Die Schwester wollte Entscheidungshilfe von den Amtsbrüdern. Ja, das Leben ist manchmal ganz schön kompliziert. Diese undurchsichtige Vielfalt unserer modernen Welt ist sehr anstrengend, und jeder war wohl schon mal verunsichert: Welcher Weg ist denn in meinem Fall richtig, wie soll ich mich denn entscheiden? Da suchen die Menschen seit alters her – und heute wieder – nach Entscheidungshilfen. Medizinmänner werfen Tierknochen in die Luft und sagen aus dem Lagebild der Knochen die Zukunft voraus. Wahrsager legen Karten oder bemühen den Kaffeesatz, um Ratsuchenden Sicherheit zu geben, wie sie handeln sollen. Die Sterne werden befragt, und die Ergebnisse finden im Horoskop ihren Niederschlag. Es gibt noch viele und oft sehr kostspielige Methoden, die versprechen, die Wahrheit über die Zukunft zu sagen. Ob diese Methoden das wirklich können, ist äußerst zweifelhaft. Auch hier gilt: Prüfet die Geister, ob sie von Gott sind.

Doch die Frage bleibt drängend: Wie kann ich in einer so verworrenen Welt richtig handeln? Richtig für mich und richtig im Sinne Gottes. Nichtstun wäre da eine Alternative. Die Hände in den Schoß legen. Gott wird schon machen, ich bin ja sein Kind. Wer nichts tut, macht keinen Fehler, oder? Es gibt diesen dümmlichen Spruch: „Wer schläft, sündigt nicht!" Jesus ließ dem ängstlichen Nichtstuer im Gleichnis von den Pfunden, die die Knechte erhalten hatten *(Lukas 19,11 ff.)*, nicht durchgehen, dass er aus Angst, das Kapital zu verlieren, dasselbe ins Schweißtuch gewickelt und vergraben hatte.

Handeln in Selbstverantwortung – das hat vor Jahrzehnten schon Stammapostel Hans Urwyler empfohlen. Wohl jeder kann darin noch wachsen, Verantwortung für seine Entscheidungen selbst zu übernehmen. Nicht in erster Linie die schlechte Kindheit vorschieben, wenn etwas nicht so gelingt wie gewünscht. Nicht die Eltern, Kinder, Verwandten, die Amtsträger oder gar den lieben Gott verantwortlich machen für eigenes Wohl oder Wehe.

Die Entscheidungshilfen annehmen, die Gott schenkt: in der Heiligen Schrift, im Wort des Evangeliums, durch weise Ratgeber. Doch entscheiden tun wir selbst. Nehmen wir diese Prüfung jeden Tag an. Manchmal werden wir erst Jahre später sehen, ob es richtig oder falsch war. Lassen wir uns darin nicht irre machen. Handeln wir als fröhliche Christen: Die orientieren sich an Jesus Christus und wissen, selbst wenn sie sich für das Falsche entschieden haben, dürfen sie zum Heiland kommen. Er vergibt und sie können ihren Weg korrigieren. Handeln wir – wenn wir können – richtig, das heißt im Sinne Christi. Entscheidungen brauchen manchmal Zeit. Doch weichen wir der Entscheidung nicht aus. Nicht-Entscheiden ist immer falsch.

Bedürfnisse

Lärm stört oft. Die Augen können wir schließen, den Mund auch. Aber dieses Einfallstor in unserem Körper und Geist steht immer offen – die Ohren! Bei der akustischen Umweltverschmutzung wäre es hilfreich, für ein, zwei Stunden am Tag die Ohren für Geräusche von außen verschließen zu können. Dann könnten wir ungestört uns selbst zuhören. Hören, was unsere Seele möchte, wessen sie bedarf und vielleicht noch nicht im richtigen Maße bekommt: Ruhe und Stille. In der Stille kann die Seele Gott viel besser hören. Elia hat erfahren *(1. Könige 19,11.12)*: Gott war nicht im heulenden Sturm, nicht im prasselnden Feuer, nicht im grollenden Erdbeben. Gott offenbarte sich dem Propheten im stillen, sanften Sausen. Eine sanfte Stimme, leicht zu überhören. Unsere Seele hat das Bedürfnis, die Stimme ihres Schöpfers zu hören. Wir können es ihr vorenthalten: Decken wir diese stille sanfte Stimme einfach zu. Oder stellen wir die Ohren auf Durchzug.

„Wer Ohren hat, der höre, was der Geist den Gemeinden sagt!" Der Herr äußert diese dringende Bitte. Johannes hat sie in der Offenbarung *(Offenbarung 2,11)* mehrfach niedergeschrieben. Wer verstehen will, muss erst hören. Wer Gott nicht zuhört, erfährt seinen Willen nicht und kann ihn nicht tun. Wer nicht zuhört, kann auch Bruder und Schwester in ihrem individuellen Anderssein nicht verstehen.

Wenn ich jemandem zuhöre, sollte ich stille sein, sonst kann ich nicht nachvollziehen, was der Gesprächspartner sagt – ein Grundbedürfnis. Auch zum Nachdenken ist Stille nicht die schlechteste Hintergrundmusik. Ein Bedürfnis des Geistes. An Orten, an denen man nicht zum Nachdenken kommen soll, im Kaufhaus, im Bierzelt, in der Disco, ist Musik allgegenwärtig. Orte, an denen der Besucher nachdenken will, haben eines gemeinsam: Zumindest zeitweise ist dort Ruhe angesagt oder vorgeschrieben – in Kirchen, in Schulen (wenn Arbeiten geschrieben werden), in Lesesälen, auf dem Friedhof. In der Schule wie in der Kirche stehen der Ruhe nach der Predigt oder der Schulstunde zwei Dinge entgegen: der Bewegungsdrang nach dem Stillsitzen und der Wunsch nach erlebter Gemeinschaft. Dann stehen sich zwei Bedürfnisse schroff gegenüber: nachdenken über das Gehörte und einen eigenen Standpunkt dazu finden, sich klar werden, wo noch Fragen sind. Das ist das eine Bedürfnis. Das andere ist genauso berechtigt: Gemeinschaft pflegen mit Bruder und Schwester, ihr und ihm zeigen, dass sie gesehen werden und dazugehören, Mitgefühl zulassen, Freude und Leid teilen.

Die beiden Bedürfnisse widersprechen einander. Oft können wir den Widerspruch nicht versöhnen. Doch abmildern können wir ihn, wenn wir: 1. das Bedürfnis nach Stille oder nach Gespräch respektieren, 2. unsere Lautstärke beim Reden nach dem Gottesdienst so wählen, dass der andere nicht über Gebühr gestört wird; 3. solche Themen wählen, die die Heiligkeit des Ortes wahren. Was tragen Berichte über Verdauungsstörungen oder die tolle Fernsehsendung vom Vorabend oder der sonntägliche Speiseplan bei zur Heiligkeit des Ortes? Muss der Streit über richtiges Lüften im Kirchenraum ausgetragen werden? Der Respekt vor der Person und den Bedürfnissen des anderen ist keine altmodische Tugend. Der Respekt ist die Ehrerbietung gegenüber dem Schöpfer und seinem Geschöpf.

Dienstleistungszentrum Gemeinde?

Die Gemeinde – ein Leib. Apostel Paulus wählt dieses Bild *(1. Korinther 12,12)*: Alle Mitglieder wirken zusammen und feiern miteinander das Abendmahl. Ein Apostel Jesu Christi gründet die Gemeinde und leitet sie. Keiner erhebt sich über den anderen; keiner übervorteilt oder überfordert die anderen. Alle suchen, das Wohl des Leibes zu mehren. Paulus zeichnet noch ein Bild: die Gemeinde, ein Brief Christi *(2. Korinther 3,3)*. Die Gemeinde, eine Versammlung von Gläubigen, die Jesus lieben und handeln wie er.

Wo Menschen sind, gibt es Konflikte. Sie lassen sich lösen, wenn es gelingt, einen für alle tragbaren Ausgleich herzustellen. Der Apostel Paulus hat die Gemeinden ermahnt, im Frieden und in christlicher Freiheit zusammenzuleben.

Auch heute denken und fühlen Gemeindemitglieder unterschiedlich. Das kann Spannungen hervorrufen. Viele Gläubige wünschen sich die Gemeinde nur als Versammlung der Gläubigen. Nach dem Gottesdienst verabschieden sie sich und wollen ganz für sich sein. Andere wollen oft zusammen sein, bei Kaffee und Kuchen, bei Ausflügen. Für sie steht das Gemeinschaftserlebnis mit den Gemeindemitgliedern mehr im Vordergrund. Wieder andere suchen ihre Freunde und Bekannte in der Gemeinde und fahren mit Geschwistern in den Urlaub. Gemeinde wird hier als umfassender Lebensraum verstanden. Diese unterschiedlichen Interessen bergen den Keim von Missverständnissen in sich. Keine dieser Gruppen kann für sich reklamieren: Wir leben das einzig wahre Christentum. Es ist gut, wenn jeder willkommen ist in der Gemeinde, wenn die Gemeinde alle Mitglieder nach ihren Fähigkeiten und Wünschen in diesen Leib einzubinden versteht.

Konflikte treten zum Beispiel auf, wenn Mitglieder Forderungen an die Gemeinde, Amtsträger an Mitglieder stellen oder wenn unausgesprochen Ansprüche formuliert werden wie: „Ihr müsst mich abholen, sonst kann ich nicht in den Gottesdienst kommen." „Wenn ihr wirklich Christen seid, dann helft ihr mir in meiner wirtschaftlichen Notlage." „Irgendjemand aus der Gemeinde muss mich unterstützen, meine kranke Mutter zu pflegen." Man könnte die Liste fortsetzen. Ja, ganz sicher soll jeder Christ die Schwachen tragen und Samariterdienste tun. Aber: Es ist alles freiwillig. Ich kann, darf und soll Bitten äußern. Bruder und Schwester bitten, mir zu helfen, wenn das notwendig und angemessen ist. Doch jeder hat das Recht, eine Bitte zu erfüllen oder nicht. Jesus bat den reichen Jüngling, ihm nachzufolgen *(Matthäus 19,21)*. Der lehnte ab und Jesus akzeptierte das. Jesus wurde gebeten, Wunder zu tun – er tat es nicht immer.

Niemand erwirbt mit der Mitgliedschaft in der Neuapostolischen Kirche das Vorrecht, nie mehr Fenster putzen zu müssen. Irgendeiner aus der Gemeinde werde das ja aus christlicher Nächstenliebe tun. Wenn es jemand tut, ist das schön. Anspruch darauf hat aber niemand. Auch wenn ein Vorsteher bei einem Gebrechlichen die Wohnung saugt, der Diakon Medikamente von der Apotheke holt, wenn Jugendliche beim Umzug helfen, wenn Geschwister Einsamen Gesellschaft leisten, so tun sie das freiwillig. So soll es auch bleiben, zum Wohl des von Paulus beschriebenen Leibes.

Das hätte ich nicht von dir erwartet!

So ging das schon seit Wochen! „Vorsteher, kommen Sie, mein Mann wirft den Fernseher durchs Fenster!" Der Vorsteher fuhr sofort zu den Geschwistern. Nach einer Stunde hatten sich die Eheleute versöhnt. Doch drei Tage später: „Vorsteher, kommen Sie sofort! Meine Frau hat ein Messer in der Hand!" Der Vorsteher stand schlaftrunken auf, fuhr wieder hin. Nach zwei Stunden reichten sich die Eheleute die Hand. Tage später klingelte das Telefon: die Eheleute wieder. Sie brüllten in den Hörer, was sie sich am liebsten antun würden. Jetzt platzte dem Vorsteher der Kragen: „Vertragt euch oder macht, was ihr wollt! Ich komme nicht mehr." So schnell hatte der Vorsteher noch nie Frieden gestiftet. Die Streithähne waren sich einig: „Vorsteher, das kannst du nicht machen. Das hätten wir nicht von dir erwartet! Wir sind enttäuscht." Das Ehepaar kam nicht mehr in den Gottesdienst.

Jeder Mensch hegt Erwartungen gegenüber dem anderen. Je näher mir ein Mensch steht, desto zerstörerischer wirken sich solche Erwartungen aus, wenn sie nicht oder nicht umgehend erfüllt werden. Die streitbaren Eheleute hatten an ihren Vorsteher die Erwartung, dass dieser ihnen immer zur Verfügung stehen müsse, wenn sie Streit hätten. Das ist aber eine unangemessene, unerfüllbare Erwartung an den armen Vorsteher.

Viel Streit zwischen Geschwistern und Ehepaaren gründet darauf, dass Erwartungen gehegt werden. Oftmals werden sie nicht einmal ausgesprochen, sondern nur im Herzen gewärmt. „Das ist doch mein Bruder/Mann, der müsste mir doch die Schuhe putzen." Tja, und dann tut er das nicht und wir sind enttäuscht. Daraus folgen Streit, Schweigen, Ignorieren, Aggression, Liebesentzug oder Schlimmeres.

Auch Kinder Gottes sind nicht vor Erwartungen gefeit. Enttäuschung droht. Wir singen miteinander im Chor, putzen die Kirche, pflegen den Garten, versuchen als Gemeinde Christi liebevoll miteinander umzugehen. Und tappen dabei in die Falle hoher Erwartungen an Bruder und Schwester: „Ich denke, wir sollen eine Wohlfühlgemeinde sein! Hat Siegfried nicht zugehört? Er hilft gar nicht mit." „Ja und Elfriede müsste sich gehörig ändern, so unfreundlich, wie die ist."

Das Schlimme ist, der Nächste kann gar nichts wissen von unseren Erwartungen, wenn wir sie ihm nicht sagen. Doch wenn wir sie ihm sagen, sollte der Nächste immer noch die Chance haben, ja oder nein dazu sagen zu dürfen. Und sind wir ehrlich: Manche Erwartung an Bruder und Schwester ist ganz schön hoch. Da ist Enttäuschung vorprogrammiert.

Wir selbst wollen von anderen akzeptiert und respektiert werden, wie wir nun mal sind. Bitte räumen wir Bruder und Schwester, den Amtsträgern dasselbe Recht ein. Bedrängen wir sie nicht mit allzu vielen Erwartungen. Ändern können wir den Nächsten sowieso nicht. „Dein Bruder ist so gut wie du ..." Gott liebt ihn. Und du? Liebst du dich und ihn?

Neige dein Ohr!

Nele kommt von der Schule nach Hause: „Mama, ich gehe nie wieder zur Schule! Die sind alle doof! Die Schule soll verbrennen!" Die Mutter gerät in einen Strudel der Emotionen. Pflichtbewusstsein meldet sich als Erstes: Das geht ja mal gar nicht, dass die Tochter einfach nicht mehr zur Schule geht! Angst brodelt auf: Wer hat meinem Kind etwas Böses angetan? Enttäuschung bricht sich Bahn: Ich habe als Mutter versagt, wenn mein Kind die Schule anzünden will. Wut meldet sich: So etwas Schlimmes darf mein Kind nicht denken!

Die Mutter holt tief Luft, eine Gardinenpredigt liegt ihr auf der Zunge – gerade noch fällt ihr ein: Sie hat Sprechverbot! Der Arzt hat es verfügt. Sie schluckt die harschen Worte hinunter. Was soll sie tun? Sie will reagieren. Sie fühlt sich müde, setzt sich auf einen Stuhl und winkt Nele heran. Die Tochter ist überrascht. Sie kommt langsam näher und schaut die Mutter fragend an. Die Mutter lädt Nele mit einer Handbewegung ein, sich auf ihren Schoß zu setzen. Nele zögert. Doch dann setzt sie sich, schaut ihrer Mutter in die Augen und wiederholt: „Ich geh nie, nie wieder zur Schule!"

Ein paar Sekunden sitzt Nele still. Dann umarmt sie ihre Mutter. Eine Weile sitzen sie schweigend da, Arm in Arm. „Ach Mama", bricht es aus Nele heraus. „In Englisch kann ich viele Wörter nicht richtig aussprechen. Der Lehrer nimmt mich immer bei ganz schwierigen Wörtern dran. Und dann lachen alle, wenn ich etwas falsch ausspreche. Das ist so gemein." Die Mutter drückt Nele an sich und gibt ihr einen Kuss. „Danke, Mama! Ich gehe jetzt zu meiner Freundin, Hausaufgaben machen." Und weg ist Nele.

„Was wäre gewesen, wenn ich gleich losgepoltert hätte?", fragt sich die Mutter. Wenn ich etwas erfahren will, muss ich zuhören. Der weise Sirach hat den Kindern geraten: „Und neigst du deine Ohren, so wirst du weise werden" *(Jesus Sirach 6,34)*. Einen

Menschen, der gelernt hat, zuzuhören, den habe ich gerne als Freund. Der wird mich verstehen. Der wird sogar versuchen mich zu verstehen, wenn ich einmal aus mir selber nicht mehr schlau werde, wenn meine Gefühle mich überrollen, wenn ich komisch reagiere. Ein Freund, der zuhört, wird mir selten eine Strafpredigt halten.

Neige dein Ohr! Ein schönes Bild aus dem Alten Testament. Psalmsänger haben es in ihren Klagen Gott zugesungen: Ich bin in Not! Herr, neige deine Ohren zu mir *(Psalm 71,2)*. In heutige Sprache übertragen klingt das vielleicht so: Lieber Gott, höre mir zu, wenn ich mich verrannt habe. Höre mir zu, wenn mich Verzweiflung ergreift. Höre mir zu, wenn meine Not so groß ist, dass ich nur noch schreien kann. – Ja, Gott hört zu. Immer. Reden wir mit ihm in jeder Lebenslage.

Wem wir unser Ohr leihen, entscheiden wir selbst. Keiner kann uns da dreinreden. Wir können den bösen Buben zuhören oder Gottes Wort unser Ohr leihen. Wir können unser Ohr dem Klatsch und Tratsch sowie Belanglosen öffnen oder es den Belasteten, unserem Nächsten, der Sorgen hat, zuwenden. Viele wären froh, sie hätten jemand, der ihnen zuhört. Zuhören ist schwerer als gute Ratschläge erteilen. „Aber oft viel lohnender", weiß die Mutter von Nele.

„... wie dich selbst!"

„Ich werde immer bei dir sein, alle Schwierigkeiten stehe ich mit dir durch, du kannst dich auf mich verlassen!" Haben wir das schon einmal einem Menschen versprochen? Unserem Ehepartner, der besten Freundin, dem besten Freund, den Kindern, den Eltern, einer Arbeitskollegin, einem Arbeitskollegen? Wer hat uns persönlich so etwas schon gesagt? Waren es die Eltern oder die Großeltern, eine Freundin oder ein Freund, der Ehepartner, ein Knecht Gottes oder Gott selbst?

Fragen wir einmal Menschen in unserer Umgebung: „Wer hat dir schon gesagt, dass er mit dir durch dick und dünn geht, dass du dich wirklich auf ihn verlassen kannst?" Etliche werden dies noch nie gehört haben in ihrem Leben. Manche glauben auch nicht, dass es solche Treue und beständige Zuwendung überhaupt gibt in unserem Kulturkreis. Andere haben vielleicht ähnliche Worte schon gehört, wurden dann aber bitter enttäuscht. Deshalb glauben sie solche Worte nicht mehr.

Bei einigen Menschen fangen vielleicht die Augen an zu leuchten. Sie haben diese oder ähnliche Worte schon von ihrem Partner, ihren Eltern, Kindern, Freunden oder von den Großeltern gehört. Einige werden diese Worte zwar nicht gehört haben, doch Eltern, Großeltern oder Freunde haben sie genau diese Treue und Zuwendung spüren lassen.

Wenn ein Mensch eine solch stabile Beziehung erfahren hat, trägt er die Grundlage in sich, den Nächsten vorbehaltlos lieben zu können. Solchen Menschen fällt es leichter, die Umgebung nicht in erster Linie als feindliches Chaos wahrzunehmen. Sie haben ja erfahren, dass in jeder Lebenslage einer da ist, der mit ihnen geht. Ein eigener Fehler oder Böswilligkeit des Nächsten lösen dann eher Unbehagen, aber nicht große Angst aus.

Müssen nun alle Menschen resignieren, die keine solche stabile Beziehung erfahren haben? Ganz eindeutig nein. Zwei Gründe: Der sicherste: Gott liebt uns. Er hat uns geliebt vor

Anbeginn der Welt. Er hat uns so lieb, dass er seinen Sohn sandte, um uns aus Sünde, Angst und Hoffnungslosigkeit zu retten. „Siehe, ich bin bei euch alle Tage, bis an das Ende der Welt!" *(Matthäus 28,20)*. Das sagte der Sohn Gottes zu denen, die ihm treu waren. Werfen wir unsere Sorge auf ihn. Er sorgt für uns. Er hat ja verheißen, „wer an mich glaubt, der wird leben, selbst wenn er stirbt" *(Johannes 11,25)*. Absolute Treue über den Tod hinaus.

Der zweite Grund, weshalb wir nicht verzagen müssen: Wir können für uns selbst sorgen. Wir können uns jeden Tag sagen: „Ich bin mir selbst treu. Ich stehe alle Schwierigkeiten mit mir durch." Wir können uns versichern: „Auf mich kann ich mich verlassen. Ich liebe mich und verzeihe mir, denn mein Herr und Heiland macht das auch." Mancher wird angesichts der Selbstliebe die Stirne runzeln und das Wort Egoismus ins Spiel bringen. Ja, Egoismus ist auch Selbstliebe. Doch es gibt einen Unterschied: Selbstliebe, die uns in die Lage versetzt, Beziehung zu anderen Menschen zu stiften und andere lieben zu können, ist etwas anderes als Selbstliebe, die nur um die eigene Person kreist.

Wer fühlt, dass Gott ihn liebt, und wer gelernt hat, sich um sich selbst und den anderen zu sorgen, wie Gott das tut, wer dem anderen so viel Zuwendung gewährt wie sich selbst, dem fällt es meist nicht schwer, Jesu Bitte zu erfüllen: Liebe deinen Nächsten wie dich selbst. Er weiß sich ja selbst geliebt.

… hat dir geholfen.

Die Kraft des Glaubens

Der Freund sagt mir, was ich kann

Neulich im Kaufhaus: „Max, komm sofort her!" Der Kasernen-hofton der Mutter schrillte durch die Regale der Abteilung. Nur kurze Zeit später: „Max, das tut man nicht! Hörst du wohl sofort auf damit!" Auf den Gesichtern der Kunden wurden Emotionen sichtbar. Die einen lächelten verständnisvoll-nachsichtig, andere kräuselten skeptisch die Stirne, einer schüttelte miss-billigend das Haupt. Doch die Szene ging weiter: „Habe ich dir nicht schon hundert Mal gesagt, du sollst das liegen lassen. Das erzähle ich heute Abend dem Papa! Du sollst doch folgsam sein!"

Ich wende mich ab und gehe. Möchte die Mutter nicht tadeln – ich stelle mir nur die Frage: Wie fühlt sich der kleine quengelige Max jetzt wohl? Ihm wird eingebläut, was er tun soll. Er erfährt die Enge der Welt. Da eckt er an und dort sind Grenzen, die er besser nicht überschreitet. Und die Erwachsenen stehen misstrauisch um ihn her und kreisen ihn ein und halten ihm seine Fehler vor, korrigieren ihn auf Schritt und Tritt. Es gibt sie von alters her, die scharfäugigen Aufpasser. Sie sind überzeugt davon, für einen guten Zweck andere beaufsichtigen und tadeln zu müssen. Doch was sie erreichen, ist oft schlimm: Duckmäu-sertum und Ängstlichkeit, Heimlichtuerei und Lügen.

Jesus ging mit seinen Jüngern am Sabbat durch ein Korn-feld *(Matthäus 12,1)*. Diese waren hungrig und aßen von den Ähren. Das sahen Pharisäer. Ährenausraufen am Sabbat! Ein Verbrechen fast! Und der Herr selbst geriet in den Adlerblick der Pharisäer: Er heilte einen Kranken am Sabbat *(Matthäus 12,10)*. Das war nach dem Gesetz verboten! Jesus antwortete in der Synagoge auf diese Vorwürfe mit einer Gleichnisfrage: „Wer ist unter euch, der sein einziges Schaf, wenn es ihm am Sabbat in eine Grube fällt, nicht ergreift und ihm heraushilft? Wie viel mehr ist nun ein Mensch als ein Schaf! Darum darf man am Sabbat Gutes tun!" Die Pharisäer hielten daraufhin Kriegsrat, wie sie den Herrn umbrächten.

Es gibt noch viele Beispiele, wie Pharisäer den Herrn und seine Jünger argwöhnisch belauerten. Sie glaubten in einem guten, in göttlichem Auftrag zu handeln. Das Gesetz Gottes trugen sie vor sich her.

Jesus Christus zeigte den Menschen ihre Chance. Er sagte, was sie tun können. Er war ein Freund der Menschen, ohne sich mit den Sündern gemein zu machen. Sündern sagte er: „Deine Sünden sind dir vergeben." *(Matthäus 9,2)* Und: „Sündige hinfort nicht mehr" *(Johannes 5,14)*. Sie konnten frei sein, einen Neuanfang wagen. Am Boden Liegenden bot er an: „Steh auf, nimm dein Bett und geh umher" *(Markus 2,9)*. Sie konnten wieder gehen. Hungernden gab er Speise. Dem betrügerischen Zöllner Zachäus bot er Heil an *(Lukas 19,9)*. Dieser griff zu, sah seine Fehler ein. Jesus hat nur ganz wenige Regeln aufgestellt. Gott über alles zu lieben und seinen Nächsten wie sich selbst. Darin hängt alles. Und es ist keine Heerschar von Aufpassern nötig, die jedem Einzelnen aufzählen, was er tun soll. Seine Apostel hat er beauftragt, die Menschen zu lehren, was er ihnen befohlen habe. Und da steht die Freiheit der Seele, die Versöhnung mit Gott im Vordergrund: „Liebe Seele, wenn du das Heil in Jesus Christus ergreifst, kannst du frei werden von Schuld, kannst du Gottes Nähe erfahren, kannst du sein Kind werden." Chancen, die jeder für sich ergreifen kann – nicht muss. Jesus, der Freund der Menschen, zieht ihnen das Korsett des „Du musst", „Du sollst", „Du darfst nicht" aus und kleidet sie mit Liebe: „Du darfst zu mir kommen!", „Du kannst zurückkehren zu Gott, deinem Vater." Ergreifen wir diese Chance mit ganzem Herzen. Selbst ein kategorisch denkender Pharisäer kann sich von der weiten Liebe Christi anstecken lassen und seine Anrede an den Nächsten vom einengenden „Du sollst" in ein liebevolles, hoffnungsfrohes „Du kannst" verwandeln. Gottes Hilfe lässt es gelingen. Machen wir uns ans Werk. Ein bisschen Pharisäer steckt wohl noch in jedem von uns.

Stark sein durch Christus

Reinhard, der Flugbegleiter: Vor Wut hatte er Tränen in den Augen. Dieser Fluggast hatte den Teufel im Leib. Erst schnallte er sich nicht an, dann warf er den Becher mit Tomatensaft um und dann mäkelte er am Essen rum. Gequält lächelnd bat Reinhard den Gast um Verzeihung.

Wer kennt sie nicht, diese Tage, an denen man mit dem linken Fuß aufgestanden ist und auf Mitmenschen trifft, die ihren Frust an uns ablassen wollen. Manchmal lächeln wir darüber, manchmal trifft es uns hart. Es brodelt in uns. Am liebsten würden wir zurückschlagen mit Worten und mit den Fäusten. Auge um Auge – Zahn um Zahn! Doch jetzt meldet sich unser Gewissen: „Du bist doch ein Kind Gottes, du machst so was nicht." Bisweilen ist unser Gewissen noch radikaler: „Du bist ein Gotteskind und hast solche bösen Gedanken?" Es ist ja tröstlich, eine Instanz in sich zu wissen, die sich einschaltet, bevor man einen Fehler begeht. Doch das löst das Problem nicht. Muss ein Christ stets lächelnd die größten Bosheiten still duldend über sich ergehen lassen? Was tun? Manchmal wächst der Wunsch: Das Gewissen abschaffen und unkultiviert jeden ungehobelten Klotz mit einem groben Keil spalten! Aber das kann die Lösung nicht sein für jemand, der ernsthaft versucht, Jesus nachzufolgen. Berechtigte Wut auf der einen Seite – auf der anderen das Gebot der christlichen Nächstenliebe und die Bitte des Herrn, auch noch die andere Wange hinzuhalten, wenn einer uns ohrfeigt. Das mutet unvereinbar an.

„Du sollst deinen Bruder nicht hassen in deinem Herzen, sondern du sollst deinen Nächsten zurechtweisen, damit du nicht seinetwegen Schuld auf dich lädst. Du sollst dich nicht rächen noch Zorn bewahren gegen die Kinder deines Volks. Du sollst deinen Nächsten lieben wie dich selbst; ich bin der Herr", so befiehlt es schon das mosaische Gesetz *(3. Mose 19,17.18)*. Wenn wir Wut und Zorn „bewahren", sie nicht mehr loslassen, dann werden sie zum unbeherrschbaren Problem, dann wird daraus Sünde.

„Lass die Sonne nicht über eurem Zorn untergehen" *(Epheser 4,26)*. Herr auch über seine größte Wut bleiben, den Zorn wieder verrauchen lassen, das ist der Rat der Heiligen Schrift. So wie der Herr Jesus auch gehandelt hat. Er war kein ewig lächelnder Meister. Ihn machte wütend, dass es da Menschen gab, die anderen den Weg zum Himmel versperrten. Ihn enttäuschte das engstirnige Denken seiner Jünger und er weinte über die Bewohner Jerusalems, die sich dem Heil verschlossen hatten *(Lukas 19,41)*. Aber er ließ nicht Feuer und Schwefel regnen auf Sünder, Kleinkarierte und Törichte. Er versuchte die Menschen zurechtzubringen.

Wie können wir uns verhalten, wenn es uns einmal ähnlich geht wie Reinhard? Es ist wichtig, in solchen Situationen nicht „außer sich" zu geraten, sondern „bei sich" zu bleiben. Und hier kann der Glaube eine einzigartige Stütze sein. Er kann in mir die Gewissheit schaffen: „Gott, der mit mir ist, ist stärker als alles in der Welt!" Das schützt mich nicht davor, einmal angegriffen oder beleidigt zu werden. Aber ich bin und bleibe stark in Gott auch in einer scheinbaren Niederlage. Jesus sprach einst über die Anfechtungen, die seiner Wiederkunft vorausgehen werden. „Betet, dass ihr stark werdet!" *(Lukas 21,36)* war sein eindringlicher Rat. Probieren wir es doch aus, ob dieser Rat Christi uns heraushilft aus Lebenssituationen, in denen wir wütend sind, uns hilflos und klein fühlen. Wer stark ist, bei dem wächst aus der Wut großer Mut, auch dem Feind wohlzutun. Dann brauche ich ein Lächeln nicht vorzuspielen. Dann fällt es viel leichter, aus dem Innersten heraus zu lächeln, denn mein großer Bruder, dem gegeben ist alle Gewalt, im Himmel und auf Erden, hat versprochen, bei mir zu sein, bis ans Ende der Welt. Was kann mir dann noch so ein kleiner Bösewicht schaden? Dann kann ich je nach Situation ihm freundlich die Stirn bieten oder die andere Wange hinhalten. Und ihn so beschämen. Beten wir jeden Tag um Stärke!

Was bitte ich vom Herrn?

Da saßen zwei Blinde im Staub am Straßenrand vor Jericho. Sie bettelten. Es ist guter Brauch bei den Juden, armen Menschen Geld zu geben. Plötzlich wurde es laut. Eine große Menschenmenge drängte heran. Die Blinden hörten aus dem Gemurmel der Menge den Namen „Jesus" heraus. Hoffnung leuchtete in ihren erloschenen Augen auf. Sie schrien: „Ach Herr, du Sohn Davids, erbarme dich unser!"

Die Menschen fuhren die beiden an: „Seid doch still!" Die Blinden wussten jedoch, diese Chance würde niemals wiederkehren. Sie schrien noch lauter, mit aller Kraft. Jesus hörte sie, blieb stehen und fragte: „Was wollt ihr, dass ich für euch tun soll?" Sie legten all ihre Sehnsucht und ihr Hoffen in die Bitte: „Herr, dass unsere Augen aufgetan werden." Der Herr öffnete ihre Augen und sie folgten ihm beide nach *(Matthäus 20,29 ff.)*.

Schon viele Jahrhunderte zuvor hatte ein Mann den Wunsch seiner Seele sehnsüchtig herausgesungen: „Eines bitte ich vom Herrn, das hätte ich gerne: dass ich im Hause des Herrn bleiben könne mein Leben lang ... *(Psalm 27,4)* „Liebe Herren, was muss ich tun, dass ich gerettet werde?", fragte der Gefängnisaufseher und fiel am ganzen Leib zitternd Paulus und Silas zu Füßen *(Apostelgeschichte 16,30)*.

Bitten und Fragen wie wir sie zahllos in der Heiligen Schrift lesen können. Bitten, die erfüllt, Fragen, die beantwortet wurden. Jesus selbst fordert auf, Wünsche und Bitten dem himmlischen Vater vorzutragen: Bittet, so wird euch gegeben ...

Wenn ich jemand um etwas bitte, dann hoffe ich, dass derjenige meine Bitte erfüllen kann. Keiner wird so dumm sein und einen Bettler um eine Million bitten. Wer keine Bitten und Wünsche mehr an Gott hat, der glaubt vielleicht nicht mehr daran, dass Gott Wünsche erfüllen, Bitten entsprechen kann und wird. Es ist nicht abwegig, anzunehmen, dass der Rückgang der Gebetskultur im Abendland auch damit zu tun hat. Warum soll ich überhaupt zu Gott beten, wenn ich ihn für einen Bettler halte, der mir nicht helfen kann – selbst wenn er wollte? Welche Antwort geben wir dem Herrn, wenn er vor uns steht und fragt:

„Was wollt ihr, dass ich für euch tun soll?"

Was soll der Herr im Gottesdienst für uns tun?

Was soll er für uns tun, wenn seine Knechte uns begegnen?

Was wollen wir, dass der Herr durch die Seelsorge für uns tut? Da stellt sich sicher jeder etwas anderes vor. Entsprechend der Persönlichkeit und den Umständen, in denen der Einzelne lebt. Und diese Vielfalt an Bitten und Wünschen ist für Gott kein Problem – aber für uns Menschen manchmal. Sie macht annehmende Seelsorge mitunter schwierig. Noch schwieriger ist Seelsorge allerdings, wenn die Geschwister gar keine Wünsche und Bitten an Gott mehr haben, die hinausgehen über die Bitten: „Mach mich reich und schenk mir ein Leben in Saus und Braus – im Irdischen. Das reicht mir vollauf."

Es tut gut und schafft klares Bewusstsein, seine eigenen Wünsche an den lieben Gott täglich zu formulieren, sie ihm im Gebet zu sagen. Es lohnt, darüber nachzudenken: Was will ich eigentlich vom Herrn? Das schenkt mehr als bloße Fingerzeige, wie es um den persönlichen Glauben bestellt ist. Klares Ansprechen der Bedürfnisse führt auch in der Seelsorge heraus aus diffusen, unausgesprochenen Wünschen und Erwartungen an die Amtsträger, die diese auch noch treffsicher erraten sollen. Der Herr kann unsere Wünsche erfüllen, er kann unsere Fragen beantworten. Ob er es im Einzelfall tut, behält er sich vor. „Lass dir an meiner Gnade genügen", musste sich Paulus anhören *(2. Korinther 12,9)*. Gott hat ihm seine Bitte nicht erfüllt. Aber dieser Paulus hat trotzdem nicht aufgehört, seine Wünsche und Bitten vor den Herrn zu tragen. Sein Vertrauen in den Allmächtigen ließ er sich nicht erschüttern. Er jagte weiter nach dem vorgesteckten Ziel.

Sag doch Gott, was er dir geben soll, und überlege dir, was du von ihm möchtest.

Wo ist Gott?

Der Nachbar der kleinen Charlotte fragte sie letzten Sonntag: „Wo kommst du denn her?" „Aus dem Kindergottesdienst", antwortete die Achtjährige. „So, so", lächelte der Nachbar, „und wie war's?" – „Wir haben eine Geschichte vom lieben Gott gehört", gab die Kleine munter zurück. Jetzt lachte der Nachbar: „Schön, hast du den lieben Gott schon mal gesehen? Ich geb dir einen Euro, wenn du mir sagst, wo er ist!" Charlotte grübelte einen Moment. Dann schaute sie den Nachbarn an: „Und ich geb dir zwei Euro, wenn du mir sagst, wo er nicht ist!"

Viele suchen ihn in der Natur, in der Weisheit der Menschen, in der Liebe. Und die meisten finden dort ein schönes Stückchen vom lieben Gott. Sie finden darin Freude, Wärme und Ruhe. Doch Gott schenkt mehr. Er schenkt es denen, die im Glauben ganz nahe zu ihm kommen: seine Begleitung, seine Hilfe, seinen Schutz. Und das ewige Leben.

Wo finden wir den Herrn? Paulus, der Apostel der Heiden, hat in Athen eine Rede gehalten *(Apostelgeschichte 17,22 ff.)*. Er verkündete den Einwohnern der Weltstadt den „unbekannten Gott". Die Athener hatten so viele Götzen, dass sie Sorge hatten, den einen oder anderen zu vernachlässigen. Sie befürchteten schlimme Folgen ob dieser Vernachlässigung und bauten deshalb vorsorglich einen Altar für den „unbekannten Gott". Paulus lehrte die neugierigen Athener: Gott lebt nicht in Tempeln, von Menschenhand gemacht. Er gibt jedermann Leben und Odem. Die Menschen sollen ihn suchen, damit sie Gott fühlen und finden können. Gott ist nicht ferne einem jeden unter uns. Denn in ihm leben, weben und sind wir.

Diese Allgegenwart Gottes verdeutlicht und schärft Paulus im ersten Brief an die Korinther. „Wisst ihr nicht, dass ihr Gottes Tempel seid und der Geist Gottes in euch wohnt? ... der Tempel Gottes ist heilig; der seid ihr." *(1. Korinther 3,16.17)*. Eine aufwühlende Vorstellung: Ich bin dazu aufgerufen, Tempel Gottes zu sein. Der Geist Gottes, mit dem ich versiegelt bin, soll in mir wohnen dürfen. Und deshalb gilt es, diesen Tempel heilig zu halten. Den meisten Menschen wird ob ihrer Sündhaftigkeit ein Schauer über den Rücken laufen, wenn sie sich vorstellen, Gottes Geist wohne in ihnen. Mein Körper, mein Geist sollen ein Tempel Gottes sein. Sollen heilig sein und bleiben. Sünde verunreinigt, ja entweiht diese Heiligkeit des Tempels.

Es sagt sich schnell und kostenlos: „Gottes Geist ist in mir." Doch die Konsequenz ist groß und weitreichend. Gott ist nicht irgendwo hinter dunklen Wolken, wenn die Wut in mir groß wird ich den Nächsten beleidige. Gott schläft nicht, wenn ich mitten in der Nacht meinen Nächsten betrüge. Gott schaut nicht betreten in die Ferne, wenn ich bewusst unterlasse, meinem Nächsten zu helfen. Gottes Geist ist in mir und kennt mich in- und auswendig. Er ist ganz nahe, wenn Gedanken entstehen, und ganz nahe, wenn sie zur Tat werden. Seien sie gut oder böse.

Im Irdischen ist es eine absolute Horrorvorstellung, in allem Denken und Handeln offen wie ein aufgeschlagenes Buch zu sein für einen anderen. Doch Gott will nicht den Sünder ausspionieren, belauern und bestrafen. Nein, er will das Heil des Sünders. Deshalb ist er ihm nahe. Er will ihn, den sündigen Menschen, erretten, ihn selig machen.

Jesus ging einst ins Haus des Zöllners *(Lukas 5,29)*, ließ es zu, dass eine stadtbekannte Sünderin ihn salbte *(Lukas 7,37.38)*, hatte keine Berührungsängste, mit einer samaritischen Frau zu sprechen *(Johannes 4,7)*, deren Lebenswandel reichlich anstößig war, ließ sich von ihr sogar Wasser reichen. Diese Nähe Jesu brachte großes Heil und Segen für die Erwähnten. Gott möchte um uns und mit seinem Geist in uns sein. Machen wir aus uns, dem Tempel Gottes, keine Räuberhöhle, sondern ein Bethaus. Wo wir nicht Sünde und Materialismus pflegen, sondern vielmehr Barmherzigkeit und Nächstenliebe. Dann lassen wir unseren Nächsten erfahren, wo Gott ist: ganz nahe bei ihm.

Wer schläft, sündigt nicht

Jesus nachfolgen heißt, lebenslänglich nach Vollkommenheit im Sinne Christi zu streben. Scheinbar ein schweres Joch, das sich jeder bei der christlichen Taufe auf den Namen des Gottessohnes aufbürdet. Deshalb scheint es sehr sinnvoll, man handelt wie jener antike Kaiser, der sich erst auf dem Totenbett taufen ließ. Seine Vorstellung: Bettlägerig, vom Tod gezeichnet, unfähig, in den wenigen Stunden Lebenszeit noch gravierende Sünden zu begehen, wollte er ohne Mühen als Christ vor Gott treten.

Ein gewitzter Versuch, den Lohn für Gott wohlgefälliges Leben maximal und das Risiko, mit allzuviel Sünden vor den Herrn treten zu müssen, minimal zu halten. Dieser Versuch des Kaisers nötigt uns ein Lächeln ab. Dieser alte Herrscher war jedoch nicht der Letzte, der so dachte. Der Haltung: „Um die Kirche und den lieben Gott kümmere ich mich, wenn ich alt und grau bin!", begegnet man auch im 21. Jahrhundert noch. Und in der Bibel sattelfeste Zeitgenossen zitieren genüsslich das Gleichnis Jesu von den Arbeitern im Weinberg *(Matthäus 20,1 ff.)*: Auch die Arbeiter, die nur ganz kurz gearbeitet hatten, erhielten denselben Lohn wie diejenigen, die den ganzen Tag gearbeitet hatten.

Es scheint zutiefst menschlich, sich mit raffinierten und ausgeklügelten Winkelzügen den persönlich vielleicht unangenehmen Aufgaben zu entziehen und dennoch das Höchstmögliche an Lohn zu erhalten. Und es gibt genug Beispiele, dass das im Alltag gelingt. Der Mensch zieht schnell seine Analogieschlüsse und überträgt das nur zu gerne auf Gebiete, wo diese Rechnung nicht oder nur scheinbar aufgeht.

Raffinierte und ausgeklügelte Winkelzüge wies der Herr Jesus auch den Pharisäern nach. Ihr Ziel war jedoch ein anderes als das vorher beschriebene: Sie eiferten darum, dass das Volk Israel bis ins Allerkleinste heilig dem Herrn lebe. Dann, so mutmaßten sie, könne der Messias kommen. Sie erwarben sich so große Verdienste, und doch wies sie der Herr darauf hin, dass sie sich in große Gefahr begeben würden: Bei aller berechtigten Sorge und Mühe, das Gesetz Gottes bis aufs i-Tüpfelchen zu befolgen und andere zu nötigen, dies auch zu tun, schwebten sie in der Gefahr, die Hauptsache dabei aus den Augen zu verlieren: Gott selbst, sein Erbarmen, seine Liebe zu den Menschen. Jesus forderte sie auf, das eine zu tun – die Bitten und Gebote Gottes zu achten – und das andere, genauso Wichtige, nicht zu lassen – Gottes Liebe zu den Sündern, sein Erbarmen mit den Sündern zu loben und selbst barmherzig zu leben.

„Handelt damit, bis ich wiederkomme" *(Lukas 19,13)* ist der Auftrag des Herrn an seine Knechte, denen er Gaben überlassen hat. Wer handelt macht Fehler. Mal große, mal kleine. Doch die Ängstlichkeit des einen Knechts vor Fehlern beim Handeln ließ der Sohn Gottes nicht gelten.

Handeln wir im Sinne Jesu – jeden Tag. „Wer den Willen tut meines Vaters im Himmel, der ist mir Bruder und Schwester" *(Matthäus 12,50)* stellt der Herr klar. Handeln wir für Gott, sein Werk und letztlich auch für uns. Handeln wir immer im Wissen: Unser Tun ist Stückwerk; wir stehen immer in der Gefahr des menschlichen Irrtums. Deshalb steht uns Demut in allem Tun gut zu Gesicht. Ohne den Allerhöchsten können wir nichts tun. Angst und Sorge vor Fehlern können wir getrost über Bord werfen. Die Fehler, die wir bereuen, deckt der Herr gnädig zu. Dabei hieße es die Gnade des Herrn missbrauchen, wenn wir handelnd bewusst gegen den Willen Gottes verstoßen und unserem Nächsten auf den Füßen herumtrampeln würden. Auch unüberlegtem Aktionismus soll hier nicht Vorschub geleistet werden.

Es ist eine dringende Bitte, nicht müßig am Rande zu stehen, sondern voller Gottvertrauen zu handeln. Miteinander unter das Joch Christi gehen und zielgerichtet gemeinsam tätig werden. Lieber handelnd Fehler begehen als fehlerfrei schlafen.

Schmerzhafte Erinnerungen

Ein lustiges Fest sollte es werden! Ein großes Plakat sollte am Eingang die Blicke der Gäste bannen und sie einstimmen auf das Fest. Süße Kinderbilder, Bilder aus Jugendtagen mit den Verrücktheiten der damaligen Mode, spannende Fotos, die die Suche nach einer eigenen Persönlichkeit mit allen belächelnswerten Irrungen und Wirrungen nachzeichneten. Und schließlich Bilder, die auf sympathische Weise die Spuren des Lebens in den Gesichtern zeigen.

Ich sortierte Tausende Bilder, stundenlang. Meist mit einem verträumten Lächeln im Gesicht. Sah die Gesichter der Geschwister, Eltern, Großeltern, der Verwandten, der Freundinnen und Freunde, der Klassenkameraden. Die Welt um mich her versank in Freude. Ich erinnerte mich an die tollen Urlaubstage, die phantastischen Feste und Ausflüge im Kreis der Jugend der Gemeinde, an den aufregenden ersten Schultag, an dem ich zu spät zur Schule kam. Auch an harmonische Familienfeiern, an die Auftritte des Posaunenchors, die Konzerte des Orchesters und der Chöre, an das Schullandheim erinnerte ich mich und an vieles andere. Ich schwelgte in schönen Erinnerungen. Plötzlich stutzte ich. Viele entdeckte ich auf den Fotos, die nicht mehr leben. Jugendliche, Kinder, alte Menschen. Menschen, die mir unendlich Gutes getan haben, aber auch Menschen, vor denen ich mich fürchtete. Andere entdeckte ich, die mich verraten oder mein Vertrauen missbraucht haben. Ich wurde sehr nachdenklich, als ich auf den Bildern Menschen wiedererkannte, die als Jugendliche und junge Erwachsene sich selbst oder andere junge Menschen mit dem Auto zu Tode gefahren haben. Auch erkannte ich Mitschüler, die an Krankheiten gestorben sind oder sich selbst töteten.

Der sanfte Nebel des Vergessens lichtete sich. Eine beklemmende Aufgabe wurde immer deutlicher: Morgen ist der Gottesdienst, an dem die Apostel des Herrn die Sakramente für

Entschlafene spenden. Gebetet habe ich für alle. Ich habe versucht, alle Verletzungen, alle Schmerzen, die einige der Entschlafenen mir angetan haben, nochmals in die Hände zu nehmen und dann Schmerz und Anklage völlig loszulassen. Sie ins Meer der Liebe versenken. Ich wollte allen vergeben. Ob ich diese Prüfung bestanden habe, weiß allein der Herr. Doch mir wurde schlagartig klar, wie grässlich jahrzehntealte Wunden schmerzen können, wenn man sie berührt. Wie schwer es sein mag, denen zu vergeben, die einem das wichtigste Gut auf Erden, das Leben, fahrlässig nehmen, willkürlich auslöschen oder bewusst rauben, glaubte ich in diesen Augenblicken zu erahnen.

Jeder kann in einer stillen Stunde in das Bilderarchiv seines Lebens eintauchen und sich an die wunderbaren, angenehmen Menschen, die ihm begegnet sind und ihm wohlgetan haben, erinnern und ihnen einen Gruß in die jenseitige Welt senden. Wer es vermag, darf sich auch an die weniger angenehmen, ja schmerzhaften Begegnungen erinnern mit Menschen, die einem nichts Gutes angetan haben. Für sie zu beten, ihnen, wo es uns möglich ist, zu vergeben und ihnen den Weg zur Gnade in Jesus Christus zu weisen, ist zutiefst christlich. „Vergib uns unsere Schuld, wie auch wir vergeben unsern Schuldigern" *(Matthäus 6,12)*. Diese Hürde gilt es für jeden zu überspringen, der volles Heil empfangen möchte – im Jenseits und im Diesseits. Nutzen wir die Kraft, die uns zufließt aus der Liebe Gottes, und springen wir zuerst über diese Hürde. Und reichen wir dann denen die Hand, die sich diesen Sprung noch nicht zutrauen. Deine Gebete und dein Glaube können einer Seele so viel Mut machen, dass sie sich traut, über diese Hürde zu springen.

Ein lustiges Fest sollte es werden und wurde es auch. Doch zuvor erlebte ich den Gottesdienst für Entschlafene als ein bewegendes, erschütterndes Fest der Liebe und Gnade Gottes für Sünder.

Wie hältst du es?

Konfirmandenstunde. „Wer betet regelmäßig morgens und abends?" Keiner meldet sich. „Ja beten denn eure Eltern regelmäßig mit euch?" Die meisten antworten „Nein". Einige räumen sogar ein, gar nicht beten zu können. Eine schwere Hypothek für einen Christen, nicht beten gelernt zu haben. Die Eltern haben bei der Taufe dem Herrn versprochen, ihr Kind christlich, im neuapostolischen Glauben zu erziehen. Das Bewusstsein dafür scheint nicht bei allen vorhanden zu sein. Es genügt nicht, sein Kind mit dem Appell zu Bett zu schicken: „Vergiss nicht, dir die Zähne zu putzen und zu beten!" Vorbild und aktives Vorleben einer Gebetspraxis sind gefragt. Durch die Eltern erfährt das Kind etwas von Gott. Durch sie empfindet das Kind auch eine Ahnung der Liebe Gottes zu den Menschen: Zuwendung, Verständnis und Vergebung. Wir dürfen unseren Kindern die Frohe Botschaft, das Evangelium Jesu Christi, nicht vorenthalten! Und mit dem Gebet öffnet sich das Faszinierende dieses Evangeliums erst hautnah: Gott unmittelbar bei den Menschen.

Die Eltern legen die Grundlagen einer Beziehung des Kindes zu Gott – oder auch nicht. „Lasst die Kindlein zu mir kommen und wehret ihnen nicht", pfiff der Sohn Gottes die Verhinderer an (Matthäus 19,14). Das waren nicht irgendwelche Pharisäer, sondern seine eigenen Jünger.

Wie halten wir es mit dem Beten und dem Gottesdienstbesuch? Beide bilden das Fundament eines christlichen Lebens nicht nur in der neuapostolischen Konfession. Beten und Gottesdienstbesuch sind unverzichtbar für einen engen Kontakt zu unserem himmlischen Vater. Wer diese Dinge vernachlässigt, gefährdet mutwillig seine Entwicklung auf den Sohn Gottes zu. Und hier sind wir alle gefragt, nicht nur die Eltern. An erster Stelle sollten wir für uns selbst Verantwortung übernehmen. Dann aber – ganz fein und unscheinbar – auch für Heranwachsende. Sie erkennen sehr wohl, was den Mitgliedern der

Gemeinde wichtig ist. Warum sollten sie etwas tun, was zwar gepredigt, aber nicht mehr praktiziert wird? Dabei ist das Gebet der Schlüssel, der uns den lebendigen Glauben erschließt. Ohne diesen Schlüssel bleibt uns ein aktiver, lebendiger Glaube verschlossen. Wer nicht mehr mit Gott spricht, hat ihm nichts mehr zu sagen, will wahrscheinlich nichts mehr von ihm. Zumindest nichts Wichtiges. Geistliche Sprachlosigkeit. Wenn wir mit einem Mitmenschen nicht mehr reden, entfremden wir uns von ihm. Wenn wir Gott nichts mehr sagen, wird er uns fremd. Und umso schwieriger wird es, den Gesprächsfaden wieder aufzunehmen.

Immer häufiger trifft man auf die Meinung: Beten ist das Geschäft der Priester in der Kirche. Und da betet man gerne mit. Gebetspraxis zu Hause aber wird nur mit ganz spitzen Fingern angefasst. Dabei verschenkt sich der Gläubige viele beglückende Erfahrungen. Beten lohnt! Platt gesagt: Beten entlastet und gibt Freude. Nach dem geflügelten Wort „Geteiltes Leid ist halbes Leid und geteilte Freude doppelte Freude". Beten kann uns Trost spenden, innere Stärke und Gewissheit verleihen. Beten kann uns davon abhalten, Böses zu sagen oder zu tun. Beten kann uns Flügel verleihen und über Mauern hinwegtragen.

Jesus hat in der Bergpredigt Hinweise zum Beten gegeben *(Matthäus 6,5–7)*. Im Gleichnis von der bittenden Witwe erläuterte der Sohn Gottes den Sinn des Betens *(Lukas 18,1–8)*. In seiner Rede über die Endzeit schärft Jesus den Blick für den Sinn des Gebets *(Lukas 21,36)*. Im Gespräch des Meisters mit der Frau am Jakobsbrunnen spricht er von der Gebetspraxis und der inneren Haltung dabei *(Johannes 4,1 ff.)*. Nicht nur der Rabbi betet, die Jünger wollen ihm das gleichtun. Bitte geben wir uns alle einen Ruck und beten wir auch zu Hause. Reden wir mit unserem himmlischen Vater zum Segen für uns und unseren Nächsten. Und beten wir ganz besonders auch mit unseren Kindern.

Seelsorge

Die Sünderin durfte Jesus berühren, ihn mit Öl salben *(Lukas 7,46)*. Die Pharisäer waren empört und urteilten über die Frau und über den Sohn Gottes. Der verhasste Betrüger und Zöllner Zachäus saß auf einem Maulbeerbaum *(Lukas 19,4)*. Jesus rief ihn zu sich und kehrte bei ihm ein. Da murrten die Bewohner von Jericho: „Bei einem Sünder ist er eingekehrt." Jesus nahm die Menschen so an, wie sie waren. Er redete mit ihnen und brachte sie zum Nachdenken. Er hielt sich nicht damit auf, die mit Sünde behaftete Vergangenheit des Nächsten zu durchleuchten. Er sah, dass der Nächste Hilfe brauchte. Den Sünder nahm Jesus an und verurteilte die Sünde.

Ganz wichtig: Jesus hat die Menschen mit seiner Hilfe nicht überfallen. „Was willst du, dass ich dir tun soll?" *(Markus 10,51)*, fragte er den Blinden vor Jericho. Er ließ die Menschen reden, er nahm ihnen nicht die Worte und Bitten aus dem Mund. Jesus entmündigte den Nächsten nicht. Im Gegenteil, er nahm sie als Menschen mit eigenen Wünschen und Fehlern an. Das gab ihnen ihren Wert. Dann konnten sie sich auf den Sohn Gottes einlassen.

Wer den Rat Jesu, seine Hilfe nicht annehmen konnte oder wollte wie der reiche Jüngling *(Matthäus 19,22)*, den ließ er traurig gewähren. Selbst die landläufigen Vorurteile gegenüber Samaritern, Frauen, Kranken sprach er an – er legte jedoch großen Wert darauf, den Hilfe suchenden und Heil verlangenden Menschen dahinter als das Wesentliche darzustellen.

Seelsorge, die den Nächsten annimmt, wie er ist, und ihm seine Würde, seine Individualität lässt. Hohe Schule der Seelsorge. Sicher kann jeder von uns Beispiele erzählen, in denen dieses Ideal weit verfehlt wurde. Ist dieses Thema deshalb eine Sache ausschließlich für die Amtsträger?

Achtsam, respektvoll der Seele des Nächsten zu begegnen ist allgemeine Christenpflicht. Wenn wir dem Nächsten in der Gemeinde so gegenübertreten, dann erfüllen wir das Gebot Jesu. Das wollen wir doch alle. Die Auswirkung für die Gemeinde kann nicht hoch genug bewertet werden. Sich angenommen zu fühlen, so wie man ist, tut wohl. Die Amtsträger entlasten wir dadurch auch. Sie haben dann mehr Zeit, sich um die andere Seite der Seelsorge zu kümmern, das Evangelium zu verkündigen.

Frieden zu schaffen ist eine großartige Seelsorge. Frieden schaffen wir, indem wir dem Nächsten so begegnen, wie wir es uns von ihm wünschen. Bevor wir den Nächsten und seine Schwächen ins Visier nehmen, schauen wir auf uns selbst. Auf unseren Splitter oder Balken im Auge. Ziehen wir diese Störenfriede selbst heraus oder holen wir uns dazu Hilfe. Kehren wir täglich in unserer Seele ein. Schließen wir die Augen und schieben den Stress, die Unruhe, die Selbstanklage und alles, was unser Hinwenden zu Jesus Christus beeinträchtigt, aus dem Herzen hinaus. Denken wir an unseren Herrn und Heiland, beten zu ihm und lassen seinen Frieden, seine Gnade und seine Hoffnung in unser Herz hineinfließen. Oft reichen dazu fünf oder zehn Minuten täglich.

Wir tun unserer Seele damit wohl. Wir schaffen Nähe zu Gott, unserem Vater und seinem Sohn. Diese Form der Seelsorge ist eine Chance: Wir schenken dem Frieden Gottes Raum in uns. Dann fällt es uns leichter, uns und unseren Nächsten anzunehmen. So wie Jesus dies tat und noch tut. Sorgen wir für unsere Seele.

Gnade sei mit dir!

Max tobt an seinem dritten Geburtstag. Wie die Großen will er mit Messer und Gabel essen. Er hat sich das kleine, scharfe, spitze Küchenmesser geholt. Damit sticht er in die Butter und will sich ein Brötchen aufschneiden. Haarscharf rutscht das Messer an den Fingerchen vorbei. Der Vater versucht den Kleinen zu überzeugen, besser sein stumpfes Kindermesser zu benutzen. Doch der Sohn weigert sich, das scharfe Küchenmesser herauszugeben. Wütend fuchtelt er damit vor seinem Gesicht herum. Da greift der Vater rasch die Hand des Kindes und entwindet ihm das Messer. Max tobt.

Die väterliche Achtsamkeit verhindert, dass Max sich ernsthaft verletzt. Wenn er sich eine Sehne am Finger durchtrennt oder in die Augen gestochen hätte – nicht auszudenken. Wir Erwachsenen sehen im Verhalten des Vaters eine Gnade für den Sohn, die ihn vor Schaden bewahrt hat. Max sieht das völlig anders. Für ihn ist das eine Beschränkung seiner Freiheit, ein Eingriff in seinen Willen.

Nicht immer scheint uns Gnade als etwas Erstrebenswertes. Denn wer uns Gnade schenkt, ist mächtiger, weiser als wir. Manchmal wirkt allein der Gedanke, gnädig behandelt zu werden, unerträglich: wenn wir von so einem Schlaukeks, Gutmenschen oder mächtigen Reichen mit Gnade überschüttet werden, ohne dass wir darum gebeten hätten.

Gnade ist zweideutig wie jedes Geschenk. Sie kann bedrängen und herausfordern, erlösen und binden. Gnade ist oft peinlich, sie löst Abwehr und Panik aus. Oft wird Gnade gewährt und empfangen aus schiefen, dem Geber wie dem Empfänger unbewussten Motiven und Absichten. Schließlich schafft Gnade den Zwang, darauf antworten zu müssen. Gewährt man einem Menschen Gnade oder nimmt sie an, entstehen ganz feine Abhängigkeiten. Doch wer möchte schon abhängig sein? Wer will schon von der Gnade anderer leben, wer dankbar sein müssen?

Das mögen Gründe sein, warum Menschen Gottes Gnade ablehnen. Sie müssten ihn als ihren Herrn anerkennen. Sie müssten zugeben, dass ihre Macht klein und zerbrechlich ist. Sie müssten zugestehen, dass auch der Gerechte sieben Mal am Tag schuldig wird. Das aber verdrängt der moderne Mensch nur zu gern: Bei aller Jagd nach Selbstverwirklichung, persönlichem Glück und Reichtum – der Mensch bleibt abhängig von der Gnade – der Gnade Gottes und der Menschen. Keiner kann aus sich allein heraus groß werden. Er braucht gnädige Helfer.

Manchmal toben wir wie Max, wenn Gottes Gnade uns begegnet. Manchmal wird uns das Wort Jesu, das wir im Unser Vater sprechen, zu eng: Wir sollen selbst vergeben, wenn wir Gnade und Vergebung von Gott empfangen wollen. Manchmal stellen wir harte Forderungen an den himmlischen Vater, wenn er uns im Leben nicht gnädig zu sein scheint.

Lassen wir uns an seiner Gnade genügen. So viel Demut steht seinen Kindern gut zu Gesicht. Wenn wir gegen Gott toben, machen wir nichts besser. Dann übergehen wir die Gnade, die er uns schenkt. Loben wir ihn, sind wir ihm dankbar für seine Gnade.

Zwei Tellerwäscher

In einem Hotel in Amerika wurden vor Jahren zwei Tellerwäscher eingestellt. Der Personalchef schwärmte den beiden vor, sie könnten Direktor dieses Hotels werden, wenn sie fleißig wären. Sie müssten jeden Tag ihr Bestes geben – dann könnte es klappen. Die beiden wollten das gerne glauben, denn reich wurden sie vom Tellerwaschen nun wirklich nicht. Sie gingen an die Arbeit und gaben ihr Bestes. Der Manager, der sie eingestellt hatte, freute sich riesig über die beiden. Sie schufteten für drei.

Nach einigen Wochen ließ die Arbeitskraft des einen sichtbar nach. Der andere verrichtete weiterhin fröhlich und gewissenhaft seine Arbeit. Dafür wurde er bald belohnt und durfte eine schöne Livree anziehen und als Kofferträger arbeiten. Bei dieser Arbeit war ihm ein großzügiges Trinkgeld der Gäste sicher. Als die beiden sich bei einem Betriebsfest wiedersahen, kamen sie ins Gespräch. Der Kofferträger fragte seinen früheren Kollegen: „Was ist los mit dir? Du siehst so verbissen und resigniert aus?"

„Da habe ich auch allen Grund dazu", gab der Tellerwäscher zurück. „Ich arbeite wie ein Tier, denke tagein, tagaus daran, wann ich endlich Direktor werde. Ich träume davon – auch bei der Arbeit. Manchmal stört mich der Küchenchef in meinen Träumen und schnauzt mich an. Dann werde ich pampig und drohe ihm im Herzen: Warte du nur, bis ich der Direktor bin! Doch es tut sich gar nichts. Ich werde wohl Tellerwäscher bleiben." Der Mann schaute wehmütig auf die schöne Uniform des Kofferträgers und seufzte: „Wie machst du das bloß? Du wirst befördert und hast doch nicht mehr gearbeitet als ich."

Der Kofferträger empfand Mitleid mit dem Kollegen und verriet ihm sein Geheimnis: „Ich arbeite nicht mehr als du, auch nicht besser. Aber ich denke nicht in jeder Sekunde meiner Arbeit an das Ziel Direktor. Ich bin jetzt Kofferträger und tue in meinem Job das Beste. Wenn ich die Gäste spüren ließe, dass ich mich schon für den Direktor persönlich hielte, würde ich manchem unfreundlichen Gast die Koffer vor die Füße knallen. Und das wäre das Ende meiner Laufbahn. Aber einmal an jedem Tag, wenn ich in meinem Bett liege, male ich mir fünf Minuten lang aus, wie das sein wird, wenn ich Direktor bin.

Wenn ich mit hohen Würdenträgern speise, wenn ich Prominente empfange, wie ich mein Personal, auch die Tellerwäscher und Kofferträger, mit Respekt behandle und vieles mehr. Dann schlafe ich. Am nächsten Morgen schleppe ich wieder die Koffer. Doch ich lächle dabei – ich habe ja diesen Traum, an den ich glaube."

Wer von den beiden wohl sein Ziel erreicht hat?

Ziele im Leben, Ziele im Glauben können lähmen oder beflügeln. Unsere Einstellung macht oft den Unterschied. Unser Glaube daran, dass wir das Ziel erreichen, die Gewissheit, dass genau dieses Ziel auch unser Herzenswunsch ist. Versetzen wir uns jeden Tag einige Minuten an das Ziel unseres Gaubens. Wie wird es sein? Malen wir es uns aus. Das gibt uns Kraft, zielstrebig voranzukommen.

Wer ist Gott?

Mose hatte ein Riesenproblem. Gott hatte ihn in der Begegnung im brennenden Busch als Führer seines Volkes bestimmt *(2. Mose 3,2 ff.).* Der Auftrag war eine gigantische Herausforderung: Die Israeliten zu sammeln, den Pharao zu überzeugen, seine ihm sehr hilfreichen Sklaven einfach so ziehen zu lassen, und dann sollte Mose das Volk auf einer unbekannten Route durch die Wüste ins Land seiner Vorväter, ins Verheißene Land bringen. Jede Aufgabe schwerer als die nächste.

Mose hat sich das ausgemalt. Er, der wegen eines Verbrechens vor Jahren schon in die Wüste geflohen war, sollte sich vor sein Volk hinstellen und verkünden „Gott schickt mich zu euch." Mose war sich sicher, dass das Volk wissen wollte: „Wer ist der Gott, der dich schickt?" Mose wusste darauf keine Antwort und gab diese Frage an Gott weiter. Und dieser sagte einen sehr merkwürdigen Satz: „Ich werde sein, der ich sein werde" *(2. Mose 3,14).*

Versetzen wir uns mal in die Lage des Volkes Israel. Würden wir einem in die Wüste Geflohenen glauben, dass Gott ihn gesandt habe? Und dazu noch ein so seltsamer Gott, der sich „Ich werde sein, der ich sein werde" nennt? Gott gab dem Mose noch drei Wunderzeichen mit, damit sein Volk erkennen solle, Mose ist der von Gott Erwählte. Doch was sagte Gott mit seinem Namen?

– Er ist der Gott Abrahams, Isaaks und Jakobs und er bleibt. Auch in Zukunft kann sein Volk sich auf ihn verlassen. Gott verdient Vertrauen und ist zuverlässig.

– Gott verspricht aber darüber hinaus nichts. Er sagt nur, er wird da sein – in allen Lebenssituationen und in den verschiedensten Lebenslagen. Ob er hilft und wie er hilft und wie er segnet, das behält er sich ganz alleine vor. Kein Mensch kann über Gott verfügen. Kein Mensch kann Gott nötigen, dies oder das für ihn zu tun.

– Gott war, ist und wird ewig sein. Er, der Einzige und Einzigartige. Er wird auch da sein, wenn Menschen seinen Willen verachten, er wird da sein, wenn sie Böses tun. Gott lässt sich nicht beseitigen, indem Menschen ihm die Gefolgschaft kündigen und seine Altäre zerstören. Er wird sein. Ausschließlich er wird ewig sein.

– Gott lässt sich von den Menschen keine Grenzen setzen. Er wird da sein, selbst wenn die Menschen ihn aus einem Lebensbereich ausgrenzen möchten. Gott wird da sein uneingeschränkt – auch in der Stunde des Todes und darüber hinaus.

Das Volk Israel hat sich darauf eingelassen, diesem Gott zu glauben. Es ging das Wagnis ein, mit ihm durch die Wüste zu wandern und das Gelobte Land einzunehmen. Juden in aller Welt feiern heute noch die großartige Erfahrung, die sie damals mit Gott gemacht haben.

Schenken wir unser Vertrauen auch „Ich werde sein, der ich sein werde!". Wir werden es nicht bereuen. Er hat in Jesus Christus bewiesen, wie ernst es ihm ist mit seiner Liebe zu uns Menschen. Er ist da für dich und für mich – immer.

Wer mich bekennt ...

Ich stehe auf dem Bahnsteig und warte auf den Zug, der mich nach Hause bringen wird. Es ist schon 21.30 Uhr und ich hänge meinen Gedanken nach, als ich den Mann bemerke, der über den Bahnsteig schlendernd auf mich zukommt. Er ist etwa Mitte 60, trägt sein Jackett offen. Auf seinem Kopf sitzt eine Prinz-Heinrich-Mütze. Er strahlt eine gemütliche Zufriedenheit aus.

„Guten Tag", eröffnet er das Gespräch. Ich nicke ihm freundlich zu. „Glauben Sie an Jesus Christus?", fragt er mich. „Ja", erwidere ich. „Das freut mich!" Lächelnd sagt er es und macht Anstalten zu gehen. Dann hält er inne und schickt hinterher: „Sie sagen es auch weiter, stimmt's?!" Mein geflüstertes „Ja" hört er gar nicht mehr. Er geht zum nächsten Reisenden.

Heute früh las ich noch in der Apostelgeschichte 24, wie standfest Paulus seinen Glauben vertrat und dafür manches hinnehmen musste. „Als aber zwei Jahre um waren ..." *(Apostelgeschichte 24,27)*, heißt es lapidar in einem Satz. Zwei ganze Jahre Arrest. Wofür? Ich war noch so beeindruckt und dachte: „Das solltest du auch tun." Nein, nicht ins Gefängnis gehen, aber eben mehr noch als bisher davon zeugen, woran ich glaube. Unerschütterlich, fest, sicher, bestimmt, vertrauend, zuversichtlich, überzeugt, wie Paulus. Und ein paar Augenblicke später im Leben kommt dieser Mann und zeigt mir meine Grenzen auf. „Ja", hauche ich. Warum so verhalten? Ich bin mir plötzlich gar nicht mehr so sicher, ob ich es wirklich weitersage. Würde ich mich das trauen, was der Mann macht? Warum folge ich ihm nicht einfach und unterstütze ihn während meiner Wartezeit? Ich nehme an, weil mir diese Form des Bekennens doch nicht so ganz gefällt.

Ich spreche mit mir selbst: In welchen Situationen willst du damit beginnen, zu zeugen, wovon dein Herz entbrannt ist? Brennt es denn noch in mir? Jeder Gottesdienst ist doch ein individuelles Gespräch Gottes mit mir, eben gerade so, wie Jesus zu den Emmausjüngern sprach und ihr Herz zum Brennen brachte und sie damit zur Umkehr bewegte. Wie oft fühlte ich mich schon unendlich reich nach einem Gottesdienst. Wie oft fühlte ich Geborgenheit, sah einen neuen Weg für mich. Das sind doch Erfahrungen, die manch anderer Mensch sich auch wünscht.

Jesus gesellte sich zur Samariterin und redete mit ihr, „gab ihr Zeugnis", wie wir heute formulieren würden. Aus einer eigentlich bedeutungslosen Geste des Wasserreichens gestaltete sich ein wahrer Fischzug. Aus einer einfachen, alltäglichen Situation heraus gewann er „viele der Samariter aus der Stadt um der Rede der Frau willen" *(Johannes 4,39)*. Gerade solche alltäglichen Situationen hat Jesus genutzt. Diese Beispiele haben heute die gleiche Bedeutung für uns wie damals für die Jünger. Dieses Handeln mag uns Vorbild sein, uns ermuntern, es dem Herrn gleichzutun.

Eine verpasste Gelegenheit ist wie ein abgeschossener Pfeil – beides ist nicht mehr zurückzuholen. Beten wir darum, Gelegenheiten zu erkennen.

Lasst uns den Herrn bekennen, mutig, heute, jetzt.

Was sag ich meinem Kinde?

„Weil ich Jesu Schäflein bin, …" Kinderlieder scheinen ein gutes Mittel, den Kindern ein Gefühl zu geben für Ziel und Sinn ihres Lebens. Von Geborgenheit, Sicherheit und Fröhlichkeit singen die Kinder. Vom guten Hirten, der die Kinder lieb hat, sie umsorgt. Ein anderes Lied verkündet klar, worin der Verfasser gottgewollten Lebenssinn gefunden hat. „Ich heiße kleiner Sonnenschein, will jedermann zur Freude sein, das ist mein herrlichster Beruf, zu dem mich Gottes Liebe schuf." Die folgenden Strophen malen diesen Beruf noch aus: Hingehen zu denen, die Licht und Sonnenschein brauchen und sie mit Liedern aufheitern. Die Leidgeprüften mit Liebe beschenken und eigenes Leid standhaft ertragen. So sieht der Dichter den von Gott gegebenen Sinn seines Lebens.

Manches Kind ist so ein kleiner Sonnenschein. Andere Kinder sind anders. Sollen wir sie verpflichten, ein kleiner Sonnenschein zu sein?

Jesus Christus, unser großes Vorbild, hat Licht in die Welt gebracht. Ein eitler Sonnenschein nur zur Freude anderer war er dennoch nicht. Sein Licht hat auch die Verlogenheit der Menschen sichtbar gemacht. Er hat den Elenden Rettung gebracht, den Traurigen Hoffnung zugesprochen. Und er hat seine Gefühle nicht verbogen. Er leugnete nicht Leid, Enttäuschung und Trauer. Sein Leid hat er standhaft ertragen. Doch er gab auch seinem Schmerz Ausdruck: „Mein Gott, mein Gott, warum hast du mich verlassen?" *(Markus 15,34)*.

Ein Mensch kann aus sich heraus den Vorsatz fassen: Ich will ein Sonnenschein für meine Umgebung sein! Damit kann er christliche Nächstenliebe leben. Wenn er sich dabei nicht verbiegt und seine Bedürfnisse nicht übergeht, dann folgen daraus sicher gute Taten. Doch ein für alle gültiges Motto: „Jeder sei ein kleiner Sonnenschein!" sollten wir besser nicht ableiten. Denn Gott hat uns ja mit unterschiedlichen Gaben ausgestattet. Ein

Olympiasieger im 100-m-Lauf wird auch nicht im Marathon-wettbewerb mitlaufen, und der Marathonläufer hätte wenig Aussichten auf den Sieg im 100-m-Lauf.

Ein Mensch, der wirklich „jedermann zur Freude sein" will, schwebt in der Gefahr, sich selbst zu verlieren. Denn allen Menschen recht getan, ist eine Kunst, die niemand kann. Der Herr Jesus hatte den Anspruch jedenfalls nicht an sich selbst. Er sagte seinen Zuhörern nicht nur Dinge, die Freude auslös-ten, sondern er vertrat seinen Standpunkt in Streitgesprächen. Vor allem gegenüber den Pharisäern und Schriftgelehrten, die ihn immer wieder mit Fragen und gnadenlosem Verfolgen der Vorschriften herausforderten. Ist Widerspruch gegenüber unchristlichen, gnadenlosen Ansichten und bösem Tun nicht auch ein Verhalten, das christlich genannt werden darf? Sagen wir das den Kindern auch, wenn sie einmal kein Sonnenschein sein wollen.

Nachfolge Jesu hat viele Dimensionen. Sinn eines christli-chen Lebens für Kinder und Erwachsene kann sein: Ich will mich selbst lieben und meinem Nächsten auch Freude und Liebe schenken!

Es ist gut, dass es dich gibt!

Jesus hat einmal in unerhört drastischen Worten davor gewarnt, Kinder zu verachten. Und er setzt noch eins drauf: Wer ein Kind zum Abfall vom guten Hirten Jesus Christus verführt, für den wäre es besser, er würde mit einem Mühlstein um den Hals im Meer ersaufen *(Matthäus 18,6)*. So wichtig waren ihm diese unmündigen Kinder, so sehr liebte er sie.

In alter Zeit galten Kinder nicht viel. Jesus hat sie gesehen, sie wahrgenommen, ihnen Anerkennung geschenkt. Und uns Erwachsenen hat er gesagt, was wir von den Kindern lernen können. Ja, ein Kind ist schwach, braucht unsere Unterstützung und macht auch mal Quatsch. Es läuft auch einmal in die falsche Richtung. Es verirrt sich auch dann und wann. Die nachvollziehbare Reaktion genervter, überforderter Erwachsener: „Selbst schuld! Soll es doch sehen, wie es wieder zurechtkommt." Jesus gab in diesem Zusammenhang das Gleichnis vom verlorenen Schaf *(Matthäus 18,10 ff.)*. Der Hirte ging dem verirrten Schaf nach, bis er es gefunden hatte. Von Vorwürfen ist dabei keine Rede, vielmehr von Freude darüber, dass es nicht mehr verloren, dass es wieder in der Gemeinschaft ist.

Erweitern wir unseren Blick – über die Kinder hinaus. Bleiben wir noch einen Moment bei uns selbst. Wir sind Gott sehr viel wert. So wertvoll, dass er für unsere Errettung seinen Sohn gab. Rufen wir uns dieses jeden Tag ins Bewusstsein: Ich bin meinem himmlischen Vater mehr wert als alle Schätze der Erde. Noch bevor du nur irgendetwas getan hast und tun konntest, hat Gott dich geliebt.

Was löst dieses Wissen in unserer Seele aus? Schön, wenn dieses Gefühl Frieden, Wärme und Geborgenheit umfasst. Wir sind ein Staubkorn im Universum. Doch Gott, der Schöpfer, sieht uns und misst uns einen hohen Wert bei. Bitte erinnern wir uns jeden Tag daran. Das stärkt, schenkt Gelassenheit und lässt uns aufrecht gehen.

Es scheint ein Grundbedürfnis des Menschen zu sein, von seinen Mitmenschen anerkannt zu werden. Wohl deshalb empfinden es die meisten Menschen als eine grausame Strafe, aus der menschlichen Gemeinschaft ausgestoßen zu werden. Doch gerade dieses Ausschließen wird in der von Konkurrenzdruck und Angst beherrschten Welt zu einem bösen Gesellschaftsspiel: Mobbing heißt das heutzutage. Das fängt schon im Kindergarten an, zieht sich über die Schulzeit bis in die Arbeitswelt hinein. Wenn mir ein Mensch nicht passt, dann stemple ich ihn als Versager, als Weichei, als Außenseiter ab, organisiere in der Gruppe eine Anti-Stimmung, und schon habe ich das Gefühl der Macht, der Überlegenheit. Unchristlich und gemein zwar, aber viele Menschen scheinen dieses Gefühl zu brauchen, um sich selbst stark zu wähnen und gesehen zu werden.

Liebe Schwester, lieber Bruder, wenn du gerade dabei bist, deinen Nächsten aus einer Gemeinschaft zu mobben – lies bitte das Gleichnis vom verlorenen Schaf *(Matthäus 18,10 ff.)*. Und wenn du gerade das Opfer bist, sei ganz gewiss: „Es ist gut, dass es dich gibt!" – nicht als Opfer, sondern als Geliebter. Dein Gott meint dich, wenn er sagt: „Ich habe dich je und je geliebt, darum habe ich dich zu mir gezogen aus lauter Güte" *(Jeremia 31,3)*.

… deinen Nächsten wie dich selbst.

Die Kraft des Miteinanders

„Wie geht es dir?"

Der Bezirksapostel steht vor mir, blickt mir aufmunternd und zugleich besorgt in die Augen und fragt: „Wie geht es dir?" Ich spüre, die übliche dünne Antwort „gut" würde er jetzt nicht akzeptieren. Er will es wirklich wissen. Ich fühle echte Anteilnahme, öffne mich und antworte ehrlich. Danach geht es mir viel besser.

„Wie geht es dir?" ist zusammen mit Bemerkungen über das Wetter eine oft benutzte Floskel, um ein Gespräch einzuleiten. Und es ist wertvoll, dass es solche Floskeln gibt, sonst würden die Menschen noch schweigsamer aneinander vorbei durchs Leben hasten. Zunächst mag das Gespräch sehr nah an der Oberfläche bleiben: „Wie geht's?" – „Gut!" – „Und dir?" – „Danke, geht so." Tiefgang? Fehlanzeige bisher. Aber es ist ein Anfang gemacht. Die beiden sprechen miteinander, und allein das ist schon wichtig. Die beiden könnten sich auch gegenseitig belauern, einander Vorwürfe machen, über Dritte lästern oder vieles mehr. Nein, sie wenden sich einander zu und zeigen dem Nächsten: „Ich nehme dich wahr, du bist nicht mein Feind, du bist mir nicht egal."

Ich wurde schon vom Diakon an der Türe, von einer Schwester im Vorraum gefragt: „Wie geht's dir?" Nicht immer war die Situation so, dass ich meine Seele vor dem Fragenden ausbreiten wollte. Doch auch wenn ich mit einem belanglosen „Danke, gut!" geantwortet habe, hat mich diese Frage bewegt. Ich habe sie als eine Frage meines himmlischen Vaters aufgefasst. Er hat mich berührt und mich gebeten, stillzustehen und nachzufühlen, wie es mir gehe, kurz vor dem Gottesdienst, eine Stunde vor der Sündenvergebung, vor dem heiligen Abendmahl. Es war erstaunlich, was durch diese Fragen in meiner Seele an die Oberfläche und ins Bewusstsein gehoben wurde. Manchmal ging es mir nicht gut, ich wusste nicht warum. Als ich nachdachte, klärte es sich auf: einmal war es Selbstmitleid, das mich blockierte. Ein anderes Mal steckte noch wie ein Stachel ein anklagender Anruf eines Verwandten in der Seele. Ein drittes Mal ärgerte ich mich über eine unbedachte Bemerkung von mir, die einer Schwester wehgetan hatte. Durch dieses „Wie geht's dir?" klärte sich mein unbestimmtes seelisches Unwohlsein auf. Jetzt konnte ich den Herrn bitten, mir durch sein Wort ganz konkret in meinen Problemen zu helfen. Es gab selten Gottesdienste, denen ich aufmerksamer und erwartungsvoller entgegengefiebert habe.

Es ist ein tiefer Sinn in jedem Gottesdienst: Gott fragt mich: „Wie geht es dir? Was stört deinen Frieden?" Und darin liegt wohltuendes Annehmen, keine Anklage. Und Gott verspricht mir: „Wenn du möchtest, mache ich dich heil und rein und frei! Ich schenke dir Gnade, Mut und Kraft, damit du mit mir, mit dir und deinem Nächsten – soweit es in deiner Macht steht – im Reinen leben kannst." Wem das gelingt, der hat schon einen weiten Weg gemeistert zu dem Ziel, dass es ihm wahrlich gut geht! Mir hat einmal jemand eine großartige Lehrstunde gehalten. Auf meine Frage „Wie geht's?" quoll das Herz des Bruders über: Es sprudelte aus ihm heraus, wer schuld sei, dass es ihm schlecht gehe. Die Eltern, dass sie ihn so komisch erzogen, die Lehrer, weil sie ihm Wege verbaut, die Kinder, weil sie ihn gehänselt, und die Alten, weil sie ihn eingeengt hätten. Und über allem sei die Kirche schuld, dass es ihm nicht gut gehe.

Mir wurde unter der langen Anklage deutlich, das Sprichwort „Jeder ist seines Glückes Schmied" enthält ein Körnchen Wahrheit. Ich trage mit Verantwortung dafür, dass es mir gut geht. Gut kann es mir nicht gehen, solange ich diese Verantwortung anderen in die Schuhe schiebe, mich reinwasche von Fehlern und anderen ihre Sünden und Versäumnisse ständig aufrechne. In diesem Sinne kann jeder Gottesdienst mir helfen. Habe ich Wort und Gnade erlebt, klage ich mich und meinen Nächsten nicht mehr an, wird es mir ein Stückchen besser gehen als zuvor. Schade, dass das nicht alle so erleben.

Ballast abwerfen

Neulich habe ich nach langer Zeit den Kofferraum meines Autos ausgemistet. Der Not gehorchend, nicht freiwillig, denn die Koffer passten nicht mehr hinein. Neben all den Kistchen und Kästchen reichte der Platz einfach nicht mehr aus. Schmunzelnd räumte ich alles heraus. Was da zu Tage kam! Nützliches wie ein Fläschchen mit Motoröl und Werkzeug, um kleinere Pannen am Fahrzeug beheben zu können, aber auch Freizeitartikel wie Wanderstöcke oder ein Ball, sogar eine große Schere tauchte aus den Tiefen des Kofferraums auf. Und einiges an schierem Müll. Kassenzettel von Einkäufen, Prospekte, eine uralte Straßenkarte, ein Stück Schaumstoff und vieles andere.

Was ich nicht unbedingt fürs Autofahren brauchte, warf ich weg oder deponierte es in der Wohnung. Danach hat auch das Urlaubsgepäck in den Kofferraum gepasst. Es war ein gutes Gefühl, das Gerümpel, diesen Ballast rausgeworfen zu haben. Und ein gutes Gefühl, Kraftstoff zu sparen, weil diese unnütze Last nicht mehr durch die Gegend gekarrt werden muss. Es gibt wohl im Leben eines jeden Menschen Phasen, in denen er sich unnötig quält, in denen er unnötigen Ballast mit sich herumschleppt oder seine Energie auf unnütze Dinge verwendet. Stammapostel Leber rief einmal Gottes Volk dazu auf, „die Sorgen zu begrenzen". Gerade Sorgen können zu tonnenschwerem Ballast werden, der das ganze Leben belastet. Dem Heiland war und ist es wichtig, die Seinen von übergroßen Sorgen zu befreien. Er gab den Rat, zuerst nach dem Reich Gottes und seiner Gerechtigkeit zu trachten *(Matthäus 6,33)*. Denn solchen wird alles zufallen, was sie bedürfen. Als Gegensatz dazu beschrieb er einen, dessen Leben zu einer einzigen Sorge aufgebläht scheint. Was soll ich essen und trinken? Was soll ich anziehen? *(Vgl. Matthäus 6,31)* Wie schütze ich mein Hab und Gut vor Dieben und anderen Feinden, die es an sich reißen wollen?

Und Jesus empfiehlt, seine Sorgen hauptsächlich auf das Hier und Heute zu richten und sich nicht von den Sorgen der Zukunft bedrängen zu lassen. Der Herr weist in diesem Zusammenhang auf den Glauben hin, der die Sorgen begrenzen kann: „Denn euer himmlischer Vater weiß, dass ihr all dessen bedürft" *(Matthäus 6,32)*. Wer in seinem Leben Ballast abwerfen will, sollte sich diesen Rat Christi zu eigen machen.

Ein wenig Ballast brauchten die Segelschiffe früher, um genügend Tiefgang zu haben und sicher auf dem Wasser fahren zu können. Doch zu viel Ballast hemmte die Fahrt erheblich.Der Energieverbrauch wuchs beträchtlich. Vielleicht ist es bei den Menschen ähnlich: Ein paar Sorgen verleihen ihm Tiefgang, schaffen Konzentration auf das Wesentliche und verhindern ein oberflächliches Nachlaufen hinter jeder Welle auf dem Meer des Zeitgeistes. Wer jedoch zu viele Sorgen bunkert, hat große Mühe, ein Ziel zu erreichen. Ein solcher Mensch braucht viel mehr Energie, um vorwärts zu kommen, als ein anderer.

„Alle eure Sorge werfet auf ihn; denn er sorgt für euch", so empfahl Petrus in seinem ersten Brief *(1. Petrus 5,7)*. Und mit fast denselben Worten hatte einige Jahrhunderte zuvor der Psalmdichter sich selbst aufgefordert, doch endlich die Hoffnung wachsen zu lassen. Er hatte es ja schon viele Male erlebt: „Wirf dein Anliegen auf den Herrn; der wird dich versorgen und wird den Gerechten in Ewigkeit nicht wanken lassen" *(Psalm 55,23)*. Befreien auch wir uns ab und zu von Sorgenballast. Befreien, indem wir betend unsere Sorgen auf den werfen, der allmächtig ist. Befreien, indem wir unsere Sorgen loslassen, im Glauben und in der berechtigten Hoffnung, der Herr wird für mich sorgen.

Wer sich von Energie fressendem Ballast befreit hat, gewinnt Kraft und Aufmerksamkeit und kann seinem Nächsten helfen – wo dies angebracht ist und gewünscht wird –, Sorgen mit zu tragen oder Sorgen auf den Herrn zu werfen. Eine unglaublich schöne, befreiende Tat. Entlasten wir uns von überflüssigem Ballast.

Es jammerte ihn

Da lag er, halb totgeschlagen. Räuber hatten ihn bis aufs Hemd ausgeraubt. Kein schöner Anblick. Zwei gingen vorbei und halfen nicht. Warum? Darüber schweigt die Bibel. Doch dann kam einer, der erbarmte sich des Hilflosen. Ein Samariter, wie Jesus betont *(Lukas 10,25 ff.)*.

Zwei Blinde saßen an einer Straße nahe Jericho. Jesus ging vorüber mit einer großen Menschenmenge im Gefolge. Die beiden Blinden schrien: „Ach Herr, du Sohn Davids, erbarme dich unser!" Die Menschen jedoch fuhren sie an, dass sie schweigen sollten. Die beiden Blinden schrien noch lauter. „Ach, Herr, du Sohn Davids, erbarme dich unser!"

Jesus blieb stehen und rief sie zu sich. „Was wollt ihr, dass ich für euch tun soll?" „Herr, dass unsere Augen aufgetan werden", flehten die beiden Blinden. „Und es jammerte Jesus und er berührte ihre Augen", berichtet die Bibel *(Matthäus 20,34)*.

Als Jesus sich Jerusalem näherte, weinte er über die Stadt: „Wenn du doch auch erkenntest zu dieser Zeit, was zum Frieden dient!" *(Lukas 19,42)* Dann schildert er das drohende Unheil, das die Einwohner nicht zur Kenntnis nehmen wollten.

Was zeigen diese drei Beispiele? Jesus fühlte mit den Menschen um sich herum. Er konnte sich hineinversetzen in ihre Lage. Er hörte ihnen zu. Er fragte nach ihren Bedürfnissen. Heute sagt man dazu, er hatte Empathie. „Na ja", wird mancher einwenden, „kein Wunder, er war ja Gottes Sohn." Doch diese Gabe hat Gott auch in den Menschen hineingelegt. Beim einen mehr, beim anderen weniger. In jeden so viel davon, dass diese Gabe wachsen und sich wunderbar ausprägen kann. Der Mensch kann mit dem Herzen sehen.

Will ich den Nächsten wirklich lieben, wie Jesus Christus lehrt, sollte er mich interessieren. Will ich ihn lieben, sollte ich Verständnis haben für ihn. Zumindest ihn verstehen wollen. Ohne grundlegendes Verständnis für den Nächsten folgt zwangsläufig Enttäuschung. Der Mensch sieht nur, was vor Augen ist. Vorurteilsfreies Hinwenden zum Nächsten schärft den Blick.

Wir sollten Christi Gebot zu Ende denken. Wenn mir die Bedürfnisse und das Wohlergehen des Nächsten jedoch schnurzpiepegal sind, werde ich ihn nicht lieben können, nicht lieben wollen. Dann lehne ich das Gebot Christi schon im Ansatz ab. Ich handle gegen Christi Willen, wenn ich teilnahmslos bleibe gegenüber meinem Nächsten. Ich verstoße gegen das Gebot, wenn mir der Nächste gleichgültig ist. Ein klares Gebot, das keine Schlupflöcher lässt. Auch hier gilt: Allein die Gnade Jesu Christi kann uns vor dem Allerhöchsten rechtfertigen.

Heute pochen viele auf das Recht des Ellenbogens. Die Folgen prophezeite der Herr: „Weil die Ungerechtigkeit überhand nehmen wird, wird die Liebe in vielen erkalten" *(Matthäus 24,12)*. Anders ausgedrückt: Wer das Gefühl hat, dass die eigenen Bedürfnisse nicht geachtet werden, ist nur eingeschränkt bereit, die anderer zu achten. Und das heißt ganz klar: weniger Bereitschaft den Nächsten zu lieben. Jesus nannte das als eines der Zeichen, die auf sein Kommen hindeuten.

„… wie dich selbst". Menschen sind so verschieden, dass niemals alle über einen Kamm geschoren werden dürfen. Es gibt tatsächlich Menschen, die ihre eigenen Bedürfnisse überhaupt nicht mehr, die des Nächsten aber wie durch ein Vergrößerungsglas wahrnehmen. Sie wollen es allen Menschen recht machen und gehen dabei selbst zugrunde. Weil sie allen Jammer auf sich ziehen, werden sie selbst ein Bild des Jammers. Damit ist keinem geholfen.

Achten wir auf die Balance: den anderen so lieben wie uns selbst. Nicht mehr – aber auch nicht weniger. Herr, stärke uns den Glauben, dass wir dein Gebot erfüllen!

„Ich will den Vater bitten …"

Jesus tritt vor seinen Vater und bittet für seine Jünger und Apostel. Bald werden sie in einer feindseligen Umgebung alleine zurechtkommen müssen. Er wird das Opfer bringen und auffahren zum Vater. Die Widersacher und Feinde glauben zu triumphieren, denn die Jünger wirken zu schwach und unbeholfen, um das Werk aufzubauen und voranzutreiben, wenn sie erst ihres Denkers, ihres Mittelpunkts, ihrer Antriebskraft beraubt sind.

Die Worte Jesu sind uns wohlbekannt: „Ich will den Vater bitten und er wird euch einen anderen Tröster geben …", „Der Tröster, der Heilige Geist, den mein Vater senden wird in meinem Namen …", „Wenn aber der Tröster kommen wird … der wird euch Zeugnis geben von mir." Im 14. und 15. Kapitel des Johannesevangeliums stehen diese Worte Jesu. Sie sind uns sehr geläufig. Wir haben ihn schon oft hautnah erlebt, diesen „Tröster". Luther hat dieses Wort vor nahezu 500 Jahren gewählt für seine Übersetzung des Neuen Testaments aus dem Griechischen ins Deutsche. Damals hatte das Wort „Tröster" eine umfassendere Bedeutung als heute.

Im Wort „Trost" verbirgt sich derselbe Wortstamm wie bei „Treue" und „Trauen". Wenn jemand treu zu mir steht in Freud und Leid, wenn dieser Mensch mich liebt, auch wenn es mir nicht gut geht, auch wenn ich verfolgt werde, so entwickelt diese unverbrüchliche Gewissheit in mir Mut, Hoffnung und Sicherheit – mit anderen Worten: Trost. Einem solchen Wesen, das mich auch in Trauer und Gefahren nie verlässt, kann ich vertrauen. Der vertrauenswürdigste Tröster ist der Heilige Geist.

Der Heilige Geist gibt Zeugnis von Jesus Christus, den er verklärt. Er lehrt die Apostel alles und erinnert sie daran, was der Meister ihnen gesagt hat. Der Geist von Gott gesandt ist nicht verstummt. Den Geist der Wahrheit nannte Jesus ihn. Der Welt wird er die Augen auftun über Sünde, Gerechtigkeit und über das Gericht. Den Seinen wird er verkündigen, was zukünftig ist.

Dieser himmlische Begleiter und weise Ratgeber spricht auch mit dir und mir. Wir entscheiden für uns selbst, was der Heilige Geist in uns tun darf und welche Bereiche unserer Seele wir ihm entziehen. Zugegeben, es ist nicht einfach, mit einem Mahner in der Seele zu leben, der mich erinnert, was ich Gott versprochen habe. Jemand im Ohr zu haben, der mich liebevoll auf die Konsequenz meines Handelns und meines Unterlassens hinweist, ist richtig lästig, wenn ich egoistisch über die Stränge schlagen will.

Doch wenn mein Ziel ist, den Willen Gottes zu tun und die Gebote Christi zu erfüllen, dann ist mir der Heilige Geist herzlich willkommen. Dann brauche ich ihn dringend. Er ist mir dann ein unentbehrlicher Berater. Er soll mich dann auch daran erinnern, ein Samariter zu sein. Dem Nächsten zu helfen, soweit das in meinen Kräften steht. Und in Fürbitte zu stehen für Lebende und Entschlafene.

Herr, sei mir Sünder gnädig!

Ein hoher Wirtschaftsführer hat einen Schwächeanfall. Sofort spekulieren die Medien laut darüber, ob er seinen Posten vorzeitig räumen werde. Er sei ja nun angeschlagen. Wer die unbarmherzigen Gesetze in der Wirtschaftswelt kennt, ahnt, dass der Rücktritt des Mannes in Reichweite geraten ist. Stärke, zur Schau gestellte Überlegenheit sind gefragt. Ja, gewiss, auch soziale Kompetenz ist vonnöten. Aber meist unter ferner liefen.

Viele Menschen handeln nach ähnlichen Mustern: Wer etwas gelten möchte, wer als erfolgreicher Mensch angesehen sein möchte, darf keine Schwäche zeigen. Fehler erst zugeben, wenn sie sowieso schon offensichtlich sind. Lieber ganz rasch Entscheidungen treffen – auch wenn andere Menschen darunter leiden –, als den Eindruck zu erwecken, nicht über alle Stress-Situationen erhaben zu sein. Die eigenen Erfolge ins schönste Sonnenlicht zu rücken und den, der weniger erfolgreich ist, mitleidig zu belächeln.

Viele Gleichnisse Jesu sind brandaktuell. Auch das Gleichnis von den beiden, die in den Tempel gingen und beteten *(Lukas 18,10 ff.)*. Der Pharisäer und der Zöllner. Der Pharisäer wusste wohl um seine Verdienste vor Gott. Und er breitete sie unübersehbar aus. Der fromme Mann fastete zweimal in der Woche. Die Pharisäer taten dies, um ihre Trauer darzustellen, dass Israel vom Bund mit Gott abgewichen war. Buße und Sühne sollte dies symbolisieren. Auch den Zehnten gab er fleißig. Leistungen, auf die er stolz sein konnte und es auch war. Der Pharisäer setzte ganz arrogant sogar voraus, dass Gott gar nicht anders könne, als seine – des Pharisäers – Überlegenheit gegenüber den Sündern zu begrüßen. Stark, überlegen, leistungsorientiert – so präsentierte sich der Pharisäer. Solch ein Mensch braucht keine Gnade. Wozu auch? Jesus gab dieses Gleichnis nicht ausschließlich Pharisäern. Er sagte dies „zu einigen, die sich anmaßten, fromm zu sein, und verachteten die anderen" *(Lukas 18,9)*.

Jesus hinterfragt die Werte der Menschen. Haben in unserem individuellen Wertekanon neben Stärke, Überlegenheit und Leistung auch Werte wie Demut vor Gott, ungeschminktes Eingestehen von Schuld, Bitten um Gnade, Bußfertigkeit und Orientierung am Evangelium Christi Platz?

Jesus wird noch deutlicher: Wer allein die Werte Stärke, Überlegenheit, Leistung, die unsere Gesellschaftsordnung erfolgreich und mitunter sehr kalt machen, auf das Verhältnis von Mensch zu Gott anwenden möchte, findet nicht das Gefallen des himmlischen Vaters. Der Sünder aber , der seine Schuld vor Gott eingesteht, der ehrlich und demütig ist vor Gott, der geht gerechtfertigt von dannen.

Vielleicht fällt uns das Gleichnis gerade dann ein, wenn wir zum Abendmahl gehen oder wenn wir Gott gerade nötigen wollen, uns zu loben, wie toll und unersetzbar wir doch sind. Oder wenn wir die schwache Schwester, den unterlegenen Bruder neben uns nur noch von oben herab betrachten können.

Bleib einfach bei dir!

Martin ist ein kleiner Hitzkopf. Er wurde angegriffen. Das konnte er nicht auf sich sitzen lassen. Das musste er sofort ausdiskutieren. Die Argumente flogen hin und her. Das Wortgefecht steigerte sich zum Trommelfeuer. Die Umstehenden waren peinlich berührt. Eine Frau traute sich und beruhigte die Streithähne. Sie gab den beiden mit: „Bitte bleibt jetzt einfach ganz bei euch selbst." Die beiden hielten sich daran. Und wie durch ein Wunder kehrte im Nu Ruhe ein. Nach einiger Zeit des Schweigens stellte sich auch der Friede wieder ein.

Jesus hat auch ein paar Mal Streit geschlichtet. Es lohnt sich, ganz genau hinzusehen, wie er das getan hat.

Die Jünger führten einen Rangstreit *(Matthäus 18,1 ff.)*. Sie traten vor den Herrn und fragten ihn: „Wer ist doch der Größte im Himmelreich?" Jesus scheint diese Frage nicht gerade erfreut zu haben. Er rief ein Kind zu sich und stellte es mitten unter die Jünger: „Wenn ihr nicht umkehrt und werdet wie die Kinder, so werdet ihr nicht ins Himmelreich kommen." Und er verdeutlichte sein Anliegen noch: „Wer nun sich selbst erniedrigt und wird wie dies Kind, der ist der Größte im Himmelreich." Die Jünger sollten bei sich selbst bleiben und sich selbst betrachten, nicht den anderen. Sie sollten sich prüfen, mit welcher Einstellung sie sich dem Himmelreich nähern wollten.

Als die Jünger sich über die Brüder Jakobus und Johannes aufregten, weil diese den Herrn bedrängt hatten, ihnen doch in der Herrlichkeit die Plätze an seiner Rechten und seiner Linken zu reservieren, beruhigte der Herr die Gemüter: „Wer unter euch der Erste sein will, der soll aller Knecht sein" *(Markus 10,44)*. Damit sagte Jesus: Bevor du dich über die Größenphantasien deines Bruders aufregst oder gar selber welche entwickelst, bleib bei dir und denke darüber nach, wie du am wirkungsvollsten dienen kannst.

Als die Ehebrecherin vor den Herrn geschleppt wurde, forderte er die Ankläger auf, bei sich selbst einzukehren, bei sich zu bleiben und die eigenen Sünden in Augenschein zu nehmen *(Johannes 8,7)*. Als Jesus aufblickte, schwiegen alle Ankläger und gingen fort. Sie hatten in den Spiegel geschaut und sich selbst erkannt.

Wenn uns einmal der Zorn packt und wir kurz davor sind, Verletzendes zu sagen oder Böses zu tun, versuchen wir es doch: Bleiben wir bei uns. Schauen wir auf die Liebe, mit der uns Gott zuerst geliebt hat. Schauen wir auf seine Gnade, die uns vom Tod errettet hat. Schauen wir auf unsere Unvollkommenheit. Die Dinge, die uns aufgeregt haben, lassen sich hernach mit abgekühltem Herzen viel besser klären.

Schwach oder stark?

Ein Elefant wollte einen Fluss durchqueren. Am Ufer saß eine Maus und flehte ihn an: „Bitte trage mich hinüber." Der Elefant lächelte: „Du bist ja so klein und schwach. Ich trage dich hinüber." Später geriet der Elefant in eine Falle. Mit dicken Seilen wurde er gebunden. Da hörte die Maus den Elefanten weinen. „Was fehlt dir, großer Bruder?" „Ich bin zu schwach, die Fesseln zu zerreißen." „Ach, ich bin stark genug", sprach die Maus und zerbiss die Taue.

Groß und stark sein, das ist ein kindlicher Traum. Wir Erwachsenen haben Mittel und Wege gefunden, Größe und Stärke zur Schau zu stellen. Viele Luxusgüter senden das Signal aus: „Ich bin groß und stark." Wir verbünden uns gerne mit dem Starken. Er verspricht Schutz und Wohlergehen. Und manchmal fallen wir dabei auf Menschen herein, die vorgeben, stark zu sein, und im entscheidenden Moment schwach sind wie der Elefant in der Fabel. Gott kann wahrlich erkennen, wer stark oder schwach ist.

Für uns Menschen ist es so wichtig, den Schein der Stärke zu wahren, im Beruf und sonst auch im Leben. Das erfordert viel Kraft. Bei Gott dürfen wir einfach so sein, wie wir sind – auch einmal ganz schwach. Ihn interessiert nicht so sehr, ob jemand im Leben stark oder schwach ist – wie jemand zu ihm steht, das ist für ihn entscheidend. „Des Herrn Augen schauen alle Lande, dass er stärke, die mit ganzem Herzen bei ihm sind" *(2. Chronik 16,9)*. Und der Sohn Gottes sieht „stark" und „schwach" in einem ganz anderen Licht als wir Menschen: „Die Starken bedürfen des Arztes nicht, sondern die Kranken ... Ich bin gekommen, die Sünder zu rufen und nicht die Gerechten" *(Matthäus 9,12.13)*. Die Schwachen sucht er auf, um sie stark zu machen. Doch auch wer stark ist, darf zu ihm kommen. Er sollte dies aber in der Einstellung des Zöllners tun: „Gott, sei mir Sünder gnädig" *(Lukas 18,13)*. Der vermeintlich starke Pharisäer hatte nicht Gottes Wohlwollen.

Gott hat etwas dagegen, dass die Starken sich auf sich selbst, ihren Verstand, vielleicht sogar ihre Finten und Ränke verlassen und den Ruhm ihrer Stärke sich selbst ans Revers heften. Er, der Geber aller guten Gaben, möchte von seinem Geschöpf beachtet, geachtet und gerühmt werden. Den Korinthern schrieb Paulus: „Was schwach ist vor der Welt, das hat Gott erwählt …, *(1. Korinther 1,27)* damit sich kein Mensch vor Gott rühme. „ … Wer sich aber rühmt, der rühme sich des Herrn" *(2. Korinther 10,17) (Jeremia 9,23)*.

Schwach sein kann vieles bedeuten: schwach im Glauben, schwach in den Eigenschaften, die vor Gott taugen, schwach, weil wir gesündigt haben, schwach, weil wir keine Kraft haben, schwach, weil wir uns alleine fühlen, keinen Fürsprecher, keinen Helfer haben. Jesus Christus bietet sich in allen Fällen an: „Denn wenn er [Jesus Christus] auch gekreuzigt worden ist in Schwachheit, so lebt er doch in der Kraft Gottes. Und wenn wir auch schwach sind in ihm, so werden wir uns doch mit ihm lebendig erweisen an euch in der Kraft Gottes"*(2. Korinther 13,4)*. So schrieb Apostel Paulus. Er war stark im Herrn, obwohl er in vielen Dingen schwach war. Er war sich bewusst, dass diese Schwachheit ihn nicht daran hinderte, Großes zu vollbringen in der Kraft Gottes.

Komm zum Herrn! Komm, wie du bist – ob schwach oder stark – und rühme die Gnade Gottes, die wahrhaftig stark macht.

Hypotheken

Zurzeit sind sie in aller Munde: Kredite, mit denen Häuser gekauft wurden. Verschärft durch die internationale Finanzkrise, können Menschen in vielen Ländern diese Kredite nicht mehr zurückzahlen und müssen ihre Häuser verlassen. Lebensträume platzen. Menschen verlieren ihr Zuhause. Das ist bitter, und die Betroffenen leiden erheblich.

Als Hypotheken werden auch Belastungen bezeichnet, die nichts mit dem Erwerb von Grundbesitz zu tun haben. Wächst ein Kind mit Lieblosigkeit, psychischer Gewalt oder gar Schlägen auf, dann trägt es oft ein Leben lang an den Folgen dieser Misshandlungen. Eine bittere Hypothek für das Kind.

Noch ein weiterer Sachverhalt wird im übertragenen Sinne als Hypothek bezeichnet. Wenn ich Schuld auf mich geladen habe und damit fertig werden muss. Ein Geistlicher berichtet von sich selbst: Er fiel in tiefe Trauer, als sein Sohn starb. Da kamen Menschen zu ihm und wollten ihn in seinem Schmerz trösten und aufrichten: „Dein Sohn ist jetzt bei Gott, da hat er es besser." „Wer weiß, wovor du bewahrt geblieben bist. Dein Sohn wäre vielleicht ein Verbrecher geworden." „Du hast ja noch andere Kinder." „Lass den Kopf jetzt nicht hängen, du musst weiterleben." Diese Reden taten dem Geistlichen sehr weh. Manchmal spürte er Wut in sich über die tröstlich gemeinten, aber ihn gar nicht tröstenden Worte seiner Mitmenschen. Doch am meisten schmerzte ihn die Erkenntnis, dass er 20 Jahre lang das Gleiche zu Menschen in ähnlichen Situationen gesagt hatte. Dieses Erkennen, selbst das Gute gewollt und es doch schlecht gemacht zu haben, dieser Schmerz war eine Hypothek für ihn.

Was tun, wenn ein Mensch Schwierigkeiten bekommt, die Hypotheken abzulösen? Zu Gott beten ist in allen Fällen ein guter Rat. Er mag Kraft geben, Wege zeigen, Frieden ins unruhige Herz schenken, die Angst relativieren und uns einen klaren Kopf bewahren, damit wir sinnvolle Schritte unternehmen können. Der Weg zu einem seriösen Finanzfachmann ist im Fall einer finanziellen Hypothek unumgänglich. Die zweite Art Hypothek sollten wir mit einem Therapeuten unseres Vertrauens aufarbeiten.

Im Fall der dritten Hypothek ist Jesus Christus der wichtigste Ansprechpartner. Sagen wir ihm unsere Schuld. Er nahm auch den Zöllner Zachäus an, der vielfache Schuld auf sich geladen hatte *(Lukas 19,2 ff.)*. Zachäus wollte, nachdem Jesus bei ihm eingekehrt war und mit ihm geredet hatte, seine Hypothek abarbeiten. Denen wollte er helfen, die durch ihn Schaden erlitten hatten.

„Ich bedaure zutiefst, euch durch mein ungeschicktes, vielleicht sogar absichtsvolles Verhalten, meine unüberlegten Worte wehgetan, euch wütend gemacht, euren Frieden gestohlen, eurem Ansehen geschadet zu haben. Das war nicht in Ordnung. Bitte verzeiht mir!" Das ist im Sinne Christi. Deshalb sollte jeder von uns, der schuldig geworden ist, alle geistige Kraft in die Hände nehmen und seinen Nächsten, seinen Bruder, seine Schwester um Verzeihung bitten, den Schaden begrenzen, die Hypothek abtragen und damit handeln wie ein Zachäus: Glaubwürdige, tätige Reue ohne den Versuch, sich durch Rechtfertigen reinzuwaschen.

Das ist der Weg zur Gnade. Freude ist im Himmel über einen Sünder, der Buße tut.

Mitfühlen – bewerten

Wir verhalten uns manchmal äußerst merkwürdig. Da kommt ein Kind und hat sich das Knie aufgeschlagen. Es sucht Trost und Hilfe bei einem Erwachsenen. „Hab ich dir nicht hundert Mal gesagt, du sollst nicht die Treppe runterspringen. Das hast du nun davon!" Ob das Kind jetzt spürt, dass der Erwachsene es versteht und mit ihm fühlt?

Da wird über einen Prominenten berichtet. Er hat viel Geld verloren – er ist betrogen worden. „Geschieht ihm gerade recht! Der ist immer so arrogant." Das Urteil ist gesprochen. Der Neid hat sein Futter bekommen. Das Mitgefühl ist in den Keller verbannt.

Da passiert jemand in der Öffentlichkeit ein Missgeschick. „Hast du das gesehen? Ist der doof!" Die Medien stürzen sich ein paar Tage drauf und erniedrigen den Betreffenden zum Hanswurst. Man ist froh, dass dieses Missgeschick nicht einem selbst passiert ist, und verspottet den Armen noch – Mitgefühl erübrigt sich vor lauter Schadenfreude.

Da geschieht ein Verbrechen. Wir wollen alles wissen: Wie hat er es gemacht – auch die blutrünstigen Details. „Das arme Opfer, wie furchtbar!" Mitleid schenken wir ihm für ein paar Tage. Dem Täter wünschen wir die schlimmste Strafe. Mitgefühl? Das würde Kraft und Anteilnahme fordern und Zugehen auf Opfer, Angehörige und Täter. Vielleicht wären wir damit überfordert. Jeden Tag konfrontieren uns Medien mit den Abgründen menschlichen Handelns. Doch ohne Mitgefühl kann niemand in schlimmen Situationen überleben, ohne zu verbittern. Jeder ist auf echtes Mitgefühl angewiesen.

Mitgefühl mit dem Täter heißt nicht, ihm die Verantwortung zu nehmen, nicht, seine Taten und Einstellungen gutzuheißen. Mitgefühl heißt ihn – und sei er objektiv in höchstem Maße schuldig – als Mensch wahrnehmen, seine Gefühle und Bedürfnisse ernst nehmen. Oft ist es nicht möglich, diese aufzudecken.

Nur Gott kennt uns Menschen, er kennt unsere Geschichte, was uns geprägt hat, was in uns zerbrochen ist. Wenn ich die Gnade habe, dass Geist, Seele und Leib so heil sind, dass ich mit anderen Menschen im Frieden leben kann, darf ich meinem Schöpfer dafür danken. Doch daraus lässt sich nicht das Recht ableiten, dem, der diese Gnade nicht hat, sein Menschsein abzusprechen.

Der Zöllner war ein Übeltäter. Aber er schlug sich schuldbewusst an die Brust und hat Gott um Vergebung gebeten. Jesus sagt über ihn: Er ging gerechtfertigt aus dem Tempel hinab in die Stadt *(Lukas 18,14)*. Dem Pharisäer, der kein Gesetz verletzt hatte, schenkte Gott nicht die Rechtfertigung. Der Gutmensch, wie er sich sah, hatte nur lieblos gehandelt und den Bösewicht in die unterste Schublade einsortiert. Genau dieses hat Jesus gegeißelt. Damit hat er seine Zuhörer nicht aufgefordert, in Zukunft zu betrügen wie der Zöllner. Jesus hat die Übeltat nicht schöngeredet. Er hat den Menschen dahinter angesehen. Und der suchte voller Reue Gnade bei Gott – und fand sie.

Daraus leitet sich eine Bitte ab an alle, die Christi Namen tragen: Du bist selbst Sünder, und nur die Gnade eröffnet dir ein Leben bei Gott und seinem Sohn. Versuche nicht, pharisäerhaft anderen Sündern durch lieblose Bewertungen den Zutritt zur Gnade zu verwehren. Erstens wird dir das nicht gelingen – Gott ist dem gnädig, dem er gnädig sein möchte, und zweitens könntest du dich dadurch selbst von der Gnade ausschließen. Schenken wir allen Menschen unser Mitgefühl – bewerten soll sie Gott.

Zerstören durch das Verdrängen

Der Teppich aus Asien gefällt uns so, dass wir ihn sofort kaufen. Wir verdrängen, dass ihn vielleicht Kinder unter unmenschlichen Arbeitsbedingungen geknüpft haben. Und unterstützen damit – vereinfacht gesagt –, dass diese Kinder ausgebeutet werden und nicht zur Schule gehen können.

Wir freuen uns, zu jeder Jahreszeit frisches Obst auf dem Tisch zu haben, und schmücken mit frischen Blumen unser Heim. Dass viele Blumen und manches Obst mit dem Flugzeug aus Afrika und Südamerika eingeflogen werden, verdrängen wir lieber.

Wir wollen auch gar nicht wissen, wie unsere Lebensmittel entstehen. Hauptsache, sie sind billig. Wenn wir wüssten, wie manche Tiere, die wir essen, aufgewachsen sind und gehalten wurden, würde uns das bisweilen den Appetit verderben. Dass für preiswertes Viehfutter Urwälder unwiederbringlich zerstört werden, verdrängen wir lieber.

Manchmal ist es fatal: So eine kleine Notlüge zu unseren Gunsten, eine Unverschämtheit, Hinterhältigkeit oder ein kleiner Betrug gegenüber unserem Nächsten halten wir hin und wieder für nicht so schlimm. Doch wir verdrängen dabei die Verletzung, die wir verursachen, und den Verlust an Vertrauen, den wir auslösen. Wir verdrängen – und zerstören dadurch Beziehungen, Liebe, vielleicht sogar Seelen.

Dabei hat der Herr uns unmissverständlich darauf hingewiesen, dass wir über jedes unnütze Wort und jede Unterlassung Rechenschaft ablegen müssen. Eine Sünde, die wir begangen haben, wird nicht kleiner, wenn wir sie verheimlichen oder verdrängen. Bekennen wir sie offen dem Herrn. Wenn wir unserem Nächsten übel mitgespielt haben, bagatellisieren wir es nicht. Bekennen wir uns zu unserem Fehlverhalten. Nur dann wird der nagenden Zerstörung Einhalt geboten. Sie frisst umso gründlicher, je mehr und je länger wir den Fehler und seine Folgen verdrängen.

Verdrängen ist eine uralte Technik des Menschen. Kain hat sie schon angewandt: „Soll ich meines Bruders Hüter sein?" *(1. Mose 4,9)*. Er hat Leben zerstört. David hat einen Konflikt verdrängt und damit einen zerstörerischen Bürgerkrieg heraufbeschworen. Als seine Tochter Tamar von ihrem Halbbruder Amnon missbraucht wurde, ergrimmte er zwar, unternahm aber nichts. Grausam rächte Absalom Jahre später seine Schwester *(2. Samuel 13 ff.)*. Die Schriftgelehrten und Pharisäer, die die Ehebrecherin vor Jesus schleppten und ihn gefragt haben: „Was sagst du?", bekamen ganz deutlich zu hören: „Wer unter euch ohne Sünde ist …" *(Johannes 8,7)*. Sie hatten ihre Sünde verdrängt. Doch Jesu Rede hat dieses Wissen in ihnen noch rechtzeitig wachgerufen, bevor sie Leben zerstörten.

Was könnten wir noch verdrängen? Wenn wir merken, dass unser Beten nach und nach als Ritual versandet; dass die Liebe zu unserem Herrn lau wird; dass unsere Freude am Herrn von einem tückischen „Ja, aber …" entwertet wird. Das zu verdrängen hieße unseren Glauben in Lebensgefahr zu bringen und unsere Beziehung zum Herrn zu zerstören. Lassen wir es nicht zu! Verdrängen wir solche Dinge nicht, sondern beheben sie umgehend. Der Herr hilft uns dabei.

Angst in der Welt

Herbert schläft friedlich. Da klirrt Glas in der Küche, einen Stock tiefer. Er hört eine menschliche Stimme „Mist" zischen. So schnell ist Herbert noch nie aus dem Bett gekommen. Ein Sprung zur Türe des Schlafzimmers und den Schlüssel rumgedreht. „Das können nur Einbrecher sein, mitten in der Nacht", schießt es ihm durch den Kopf. Sein Herz pocht wild, kalter Schweiß bricht ihm aus, als er hört, wie sich Schritte nähern. Der Einbrecher drückt die Klinke der Schlafzimmertür herunter. Herbert stürzt ans Bett, will seine Frau wecken. An der Tür wird gerüttelt. Er vergisst zu atmen. Eine ihm sehr bekannte Stimme knurrt: „Herbert, was soll das, schließ die Tür auf!" Seine Frau war durstig aufgewacht. Schlaftrunken rutschte ihr das Glas aus der Hand und zerschellte auf dem Küchenboden. Kein Einbrecher, zum Glück!

Angst ist etwas ganz Natürliches. Angst und Besorgnis sind Gefühle, die uns vor allzu großem Risiko schützen und unliebsame Begegnungen vermeiden helfen. Angst hindert uns daran, den wilden Löwen zu streicheln oder im Meer zu schwimmen, obwohl dort Haie gesichtet wurden. Hier ist die Angst lebensrettend. Angst kann aber auch Leben zerstören. Wenn eine Mutter ihr Kind einsperrt, damit es ja keinen Schaden von Autos, bösen Menschen oder anderen Kindern erleidet. Dann zerstört Angst. Auch ein Einser-Schüler, der vor einer Klassenarbeit nicht schlafen kann, weil er Angst hat, nur eine Zwei zu schreiben, stört so sein Leben gewaltig. Was hat das alles mit dem Glauben zu tun?

Apostel Paulus schreibt den Römern *(Römer 2,9)*: Bis zum Tag Christi wird die Menschen Angst begleiten. Dann erst sind die, die zur Herrlickeit erhoben werden, frei von aller Angst. Paulus selbst berichtet an etlichen Stellen von seiner eigenen Angst. Und die ist äußerst real: Prügelstrafe, Verfolgung, Gefängnis, Gemeinden drohen auseinanderzubrechen. Paulus ergibt sich nicht der lähmenden Angst, sondern er kämpft immer wieder dagegen an. Er beschreibt, wie er seine Angst bekämpft: mit Christus!

Psychologen raten Angstpatienten, sich zwei Fragen zu stellen, wenn ihnen eine Situation Angst macht: „Was kann mir passieren?" und: „Ist die Situation wirklich so gefährlich, wie ich denke?" Oft machen panische Gedanken die Angst erst riesengroß.

Paulus zeigt auf, was uns wirklich passieren kann: Nichts kann uns von der Liebe Gottes in Jesus Christus scheiden (*Römer 8,35*). Weder Tod noch Leben, weder Engel noch Mächte noch Gewalten, weder Gegenwärtiges noch Zukünftiges, weder Hohes noch Tiefes noch eine andere Kreatur. Er sagt damit: Es ist nichts so schlimm, dass es uns von Jesus zu trennen vermag. Paulus hat die Erfahrung gemacht, dass er auch in Ängsten frohgemut sein konnte. Obwohl er sich oft ganz schwach vorkam, so war er doch stark in Christus.

Ja, wir werden Angst haben in der Welt. Doch wir kennen den, der die Welt überwunden hat. Vor Jesus braucht niemand Angst zu haben. Er hat die Grundlage zur Freiheit gelegt.

Wenn du, liebe Schwester, du, lieber Bruder, immer wieder von Angst gequält wirst, denke nicht, das liege an mangelndem Glauben. Gehe schnell zu den Fachleuten, den Therapeuten, die dir helfen, dich deiner Angst zu stellen, deine Angst vergrößernden Gedanken aufzudecken und durch hilfreiche auszutauschen.

Jesus will dich trösten, dich stärken, dir Mut machen. Gib ihm die Chance dazu.

Falsch gedacht

Jesus lehrte in der Synagoge in Kapernaum: „Wenn ihr nicht das Fleisch des Menschensohns esst und sein Blut trinkt, so habt ihr kein Leben in euch" *(Johannes 6,53)*. Viele seiner Jünger murrten, als er das sagte. Jesus sah das und sprach zu ihnen: „Ärgert euch das?" Worüber ärgerten sich seine Jünger wohl?

Ärger kommt nicht aus heiterem Himmel. Bevor wir uns ärgern, denken wir. Ein einfaches Beispiel: Es regnet in Strömen. Wilhelm freut sich. Er hat um Regen für seine Felder gebetet. Franz zuckt mit den Schultern. Er wollte spazieren gehen, verschiebt dies aber einfach auf morgen. Erwin dagegen schimpft: „Der Wetterbericht hat Sonnenschein vorausgesagt, ich habe Urlaub genommen, um das Haus zu streichen, und jetzt regnet es Bindfäden! Das darf doch nicht wahr sein, dass die Wetterfrösche das Wetter so schlecht voraussagen können. Sie sollten mir Schadenersatz zahlen für den entgangenen Urlaub!" Ein Sachverhalt – es regnet – und drei unterschiedliche Reaktionen. Wilhelm dachte: „Wie schön!", Franz dachte: „Schade, aber nicht zu ändern", und Erwin dachte: „Das darf nicht wahr sein! Wer ist daran schuld?"

Kehren wir zurück zum Herrn Jesus. Die Jünger ärgerten sich: „Das kann nicht sein, das ist eine harte Rede! Warum hören wir uns solch einen Unfug noch länger an? So etwas darf nicht einmal der Meister, Jesus, sagen!" So ungefähr werden sie wohl gedacht haben. Doch warum sollte der Meister dies nicht sagen dürfen?

„Selig ist, wer sich nicht an mir ärgert", sagte Jesus zu den Abgesandten des Johannes des Täufers, als diese ihn mit den zweifelnden Gedanken ihres Meisters konfrontierten *(Matthäus 11,6)*. Es ist ja nur zu verständlich, so zu denken: Johannes der Täufer saß im Gefängnis und ahnte, dass ihn nur der Sohn Gottes retten könnte. Doch dieser tat nichts für ihn, machte nicht einmal Anstalten, sich für Johannes einzusetzen.

Das konnte, das durfte einfach nicht wahr sein! Auf wen sollte er denn warten, wenn nicht auf Jesus? Doch solche Gedanken bringen nicht wirklich weiter. Sie schaffen aber Ärger, Verzweiflung und Wut.

Prüfen wir uns das nächste Mal, wenn wir uns über Gott und die Welt ärgern und wütend werden, ob dahinter nicht etwa ein Gedanke steht: „Das darf der nicht tun, dies nicht zulassen!", „Das kann die doch nicht machen!"

Wenn wir uns partout ärgern wollen oder ärgern lassen wollen, denken wir ruhig weiter so. Es ist das Recht jedes Einzelnen, sich zu ärgern. Doch wenn wir den Ärger in uns über den Nächsten, über Gott und die Welt klein halten wollen, sollten wir anders denken. Fassen wir unser Ziel ganz fest ins Auge und handeln wir entsprechend. Wenn das Handeln Gottes und des Nächsten nach unserem Empfinden unseren Weg zum Ziel durchkreuzen, prüfen wir, ob wir unser Ziel aufrechterhalten wollen. Wenn ja, gehen wir einfach von der Situation aus, wie wir sie vorfinden. Und wenn sie uns noch so ungerecht und miserabel erscheint. Unser Ärger wird die Situation nicht entscheidend verbessern. Nur unser Handeln. Tun wir unser Bestes, unser Ziel zu erreichen.

Insofern kann man falsch denken: „Der tut etwas, damit ich mein Ziel nicht erreiche! Wie kann der nur, der darf das nicht, das ist ungerecht!" So vergeuden wir unsere Kraft im Ärger und erreichen dennoch unser Ziel nicht schneller. Denken wir daran: „Selig ist, wer sich nicht an mir ärgert" *(Matthäus 11,6)*.

Prüfung – und der Trost der Psalmen

Für die meisten ein garstiges Wort: „Prüfung". Angst vor Versagen, Verlust von Freizeit, Lernen, mühsam sein Verhalten zu verändern – solche Dinge fallen vielen Menschen ein, wenn sie „Prüfung" hören. Es mag ein wenig an der Art und Weise liegen, wie Schule stattfindet, dass Prüfungen meist so negativ gesehen werden.

Prüfung könnte auch in einem anderen, viel positiveren Licht erscheinen: – sich ausprobieren, sich selbst klar zu werden, wo man steht, was man schon kann und was noch nicht; – Chance, in einer neuen Umgebung, einem neuen Zusammenhang neue, der Situation angepasste Verhaltensweisen zu entwerfen und einzuüben; – Einladung, sich persönlich weiterzuentwickeln, Erfahrungen zu sammeln und Fähigkeiten zu erwerben.

Vereinfacht dargestellt, gibt es zwei Reaktionen auch auf Prüfungen, die Gott zulässt: Angst und Ergreifen der Chance. Im realen Leben wird die Reaktion der Menschen meist ein Gemenge aus beiden Reaktionen sein. Wenn es um die nackte Existenz, ums Überleben, um den Tod geliebter Menschen geht, dann wird bei aller Gottesfurcht ein gerüttelt Maß Angst, Leid und Trauer dabei sein. Dennoch: Unsere innere Einstellung zu den Prüfungen entscheidet mit, ob die Angst, das Leid, die Trauer in uns so groß werden, dass wir auf längere Sicht nicht mehr handeln können.

Wenn wir jammern und mit Gott hadern, weil wir in einer Prüfung stecken, ist das verständlich – doch es bringt uns nicht entscheidend weiter. Wenn wir dagegen die Prüfung aus Gottes Hand annehmen, ihn um jede erdenkliche Hilfe bitten und alles tun, was in unserer Macht steht, und uns von kompetenten Menschen helfen lassen, sparen wir wertvolle Kräfte. Die Psalmen Davids zeugen über weite Strecken von solcher Einstellung. Davids Leben war über ein Jahrzehnt ständig gefährdet. Er hatte oft den Tod vor Augen. So, als der König

Saul den Speer nach ihm warf und ihn nur knapp verfehlte *(1. Samuel 18,11)*.

David klagte Gott sein Leid. Manchmal war er verzweifelt, weil Gott nicht zu helfen schien. Bisweilen klagte David Gott sogar an. Meist erinnerte er sich dann an die Hilfe, die Gott ihm früher geschenkt hatte, an die Größe und Macht seines Herrn. Wenn er sich dies vor Augen hielt, wurde es oft stille in seinem Herzen. David fasste dann neuen Mut. Zuversicht wuchs ihm aus der Gewissheit: Gott ist mit mir, er hört mein Flehen!

Ein Vorbild. Lesen wir in den Psalmen Davids, wenn die nächste Prüfung kommt. Hier wird nichts schöngeredet, nicht Leid und Angst mit Floskeln verbrämt. Doch gerade die Hinwendung zu Gott bringt David eine neue Sicht auf die Prüfung. Sicherheit kehrt in sein Herz, und er kann Gott loben. Eine Chance auch für uns! Nehmen wir die Psalmen zur Hand in der nächsten Prüfung. Lesen wir zwei oder drei. Es ist gut möglich, dass wir uns dann in unserem Leid, in unseren Bedrängnissen verstanden fühlen und in den Psalm einstimmen können: „Dennoch bleibe ich stets an dir; denn du hältst mich bei meiner rechten Hand, du leitest mich nach deinem Rat und nimmst mich am Ende mit Ehren an!" Auch wenn dieser 73. Psalm nun ausgerechnet nicht von David ist.

Schmerzen? – Dann handle sofort

Schneide ich mir in den Finger, tut das weh. Der Schmerz fordert mich auf: Handle schnell, hier ist eine Verletzung! Fühle ich Schmerzen im Körper und kann die Ursache nicht finden, gehe ich zum Arzt und lasse mich untersuchen. Je schneller, desto besser. Erst wenn die Ursache bekannt ist, kann sie beseitigt werden. Ein Mann in den besten Jahren sagte zu seinen Angehörigen: „Ich habe Krebs." Die Angehörigen waren erschüttert: „Was sagt der Arzt dazu?" „Ich war nicht bei ihm, aber ich weiß, dass ich Krebs habe." Untersuchungen lehnte der Mann ab, er hatte Angst vor dem Ergebnis. Nachdem er jahrelang von seinem Krebs erzählte, aber nichts unternahm, lächelten die Angehörigen darüber. Sie hielten es für eine Marotte. Erst als die körperlichen Schmerzen unerträglich wurden, ging der Mann zum Arzt. Da war es zu spät.

Schmerzen sind unangenehme Sinnes- oder Gefühlserlebnisse. Viele Menschen verdrängen sie, weichen ihnen aus. Zahnschmerzen? Na ja, reicht noch, wenn ich nächste Woche zum Zahnarzt gehe. Herzschmerzen? Die hatte meine Mutter auch, und die wurde steinalt.

Seelische Schmerzen sind für viele Menschen ein Grund auszuweichen. Der Vorsteher hat einen schwierigen Hausbesuch vor sich bei einem notorischen Querulanten. Er schiebt den Besuch vor sich her, Woche für Woche, bis seine seelischen Schmerzen unerträglich werden. Ein Amtsträger soll in Afrika die dortigen Amtsträger unterstützen. So ein bisschen Französisch hat er aus der Schulzeit herübergerettet. Sein Apostel mahnt ihn: „Bitte lerne diese Sprache!" Das Lernen ist dem Bruder aber unangenehm und lästig. Doch während der ersten Reise nach Afrika muss er ziemlich gelitten haben. Jedenfalls lernt er fortan jede Woche mehrere Stunden Französisch. Im Chor singt ein Sänger mit, der so falsch singt, dass die anderen Sänger der Dirigentin ihr Leid klagen. Die Dirigentin weiß, dass sie handeln muss, aber sie traut sich nicht. Vorsichtige Hinweise verstand der Falschsänger nicht. Eine ernste Aussprache mit der Suche nach Lösungen wird unaufschiebbar, die Schmerzen auf allen Seiten von Woche zu Woche größer. Der Prophet Jona sollte Ninive Buße predigen *(Jona 3,2)*. Das bereitete ihm schmerzhaftes Unbehagen, er versuchte vor Gott zu fliehen.

Warum neigen wir Menschen dazu, dem Schmerz auszuweichen, obwohl wir wissen, wir werden ihm nicht entkommen? Unser Ausweichen macht es doch nur schlimmer. Der Herr Jesus wandte „sein Angesicht, stracks nach Jerusalem zu wandern" *(Lukas 9,51)*, als die Zeit erfüllt war, dass er das Opfer bringen sollte. Was ihm bevorstand, wusste er. Jesus ist dem Schmerz nicht ausgewichen, er hat sich ihm gestellt, das Unvermeidliche nicht vor sich hergeschoben. Ein Vorbild für uns.

Liebe – das besondere Gefühl

Ich liebe Schokolade – dunkle vor allem. Warum? Schokolade erinnert mich an die seltenen Tage in meiner Kindheit, an denen die Eltern oder Großeltern mir Schokolade schenkten. Auf der Zunge zergehen ließ ich mir die Stückchen. Ich habe erfahren und gelernt: Schokolade ist wertvoll. Zu dieser Erfahrung aus der Kindheit kam später noch die Erkenntnis: dunkle Schokolade ist nicht so schrecklich süß, ja sie soll gesund sein – in Maßen genossen. Doch die Liebe ist einseitig – die Schokolade liebt mich nicht.

Liebe hat ein doppeltes Gesicht. Das eine sieht uns an, wenn wir uns wonnetrunken im Glück verlieren. Das andere Gesicht leuchtet auf, wenn wir das Gute für den Geliebten wollen. Dann verzichten wir zugunsten des Geliebten, dann bringen wir Opfer. Die Liebe will es so.

Gott liebt den Menschen. Er hat ihn ja selbst geschaffen nach seinem Bilde. Gottes Liebe wählt aus: Er wählte aus den Völkern damaliger Zeit ein kleines aus – Israel. Gottes Liebe verzeiht: Gott liebte sein Volk und nahm es immer wieder an. Gott ist treu. Er hielt seinen Bund, auch wenn sein Volk den Bund verließ.

Warum soll ich Gott lieben, ich sehe ihn doch gar nicht und verstehe ihn nicht immer? Wer ist Gott? Wer bin ich? Welche Verbindung besteht zu ihm? Wie das Gebot Christi erfüllen, Gott, den Unsichtbaren, zu lieben und meinen Nächsten auch zu lieben, den ich oft nicht kenne, und wenn ich ihn kenne, ihn vielleicht unsympathisch finde?

Johannes gibt uns eine Antwort: „Lasst uns lieben, denn er hat uns zuerst geliebt" *(1. Johannes 4,19)*. Noch bevor wir existierten, hat er dich und mich gesehen und geliebt. Ohne dass wir auch nur die geringste Vorleistung hätten bringen können. Gott wird selbst Mensch und geht für die Menschen in den Tod. So sehr liebt er sein Geschöpf, den Menschen. In diesem Tode versöhnt Gott. Wir dürfen auf diese Liebe antworten. So einfach macht es uns Gott. Jesus nennt sich den Bräutigam. Aus diesem Bild strahlt die Liebe Gottes zu den Menschen. Jesus ist der Bräutigam, der seine Braut liebt und ihr verspricht, sie zu sich in die Herrlichkeit des Vaters zu ziehen. Die Liebe zu Gott wächst in den Menschen, wenn sie sich ihm ganz hingeben: „Du sollst den Herrn, deinen Gott, lieben von ganzem Herzen, von ganzer Seele und von ganzem Gemüt" *(Matthäus 22,37)*. Liebt ein Mensch Gott in diesem Maße, so liebt er auch den Nächsten. Denn Gott liebt den Nächsten.

Die Gottesliebe setzt Glauben voraus – und sei er nur so groß wie ein Senfkorn. Wächst die Liebe zu Gott, so wächst auch der Glaube und umgekehrt. Gebet vermag diese Liebe zu intensivieren. Wollen wir uns von dieser Liebe Gottes durchs Leben tragen lassen? Dann beten wir darum, wahrnehmen zu können, wie diese Liebe uns hell und warm umhüllt. Beten wir auch darum, dass wir sie erwidern können. Dann werden wir aus Gnaden die Erfüllung unserer Liebe bei Jesus und dem Vater erleben. Dieser Moment wird unendlich höher als der vergängliche Genuss der Schokolade.

Trägheit

Es war schlimm, damals in der Pubertät. „Was willst du essen?" „Weiß nicht." „Was willst du heute tun?" „Weiß nicht." „Willst du in Urlaub fahren?" – Richtig, Sie kennen die Antwort. Träge, ohne inneren Antrieb, mutlos, sinnlos.

Die meisten kennen Phasen in ihrem Leben, wo sie sich träge fühlen. Nach einem langen, dunklen Winter beispielsweise. Man kommt kaum aus den Federn, schleppt sich an die Arbeit, quält sich durch den Tag, und kaum sitzt man auf dem Sofa, schläft man auch schon. Doch Trägheit ist viel mehr als das!

Ein Philosophieprofessor hat sie jüngst als eine gefährliche Abart der Ruhe bezeichnet. Die Trägheit lasse das Leben erlahmen und zerstöre jede Initiative. Alles Positive werde misstrauisch beäugt. Der Wille des Trägen bleibe blass und regungslos, „selbst Begegnungen mit sich selbst erfährt er als unendliche Leere". Der Träge erleide letztlich den Tod schon zu Lebzeiten. Zu schlaff, um sich aufzuraffen, braucht der Träge einen anderen, der ihn herausführt, zurück ins Leben. Ihn einbinden in die Gemeinschaft, in die Gemeinde. Aufmuntern zum Mitmachen, zum Mitfühlen, Mitarbeiten, Mitveranstalten – das ist Aufgabe und Ziel.

„Seid nicht träge in dem, was ihr tun sollt." Liebevoll und mahnend schreibt Paulus dies an die Römer *(Römer 12,11 ff.)*. Und er setzt ein Feuerzeichen gegen Trägheit: „Seid brennend im Geist. Dient dem Herrn. Seid fröhlich in Hoffnung, geduldig in Trübsal, beharrlich im Gebet." Und ganz ähnlich klingt es im Hebräerbrief: „Wir wünschen aber, dass jeder von euch denselben Eifer beweise, die Hoffnung festzuhalten bis ans Ende, damit ihr nicht träge werdet, sondern Nachfolger derer, die durch Glauben und Geduld die Verheißungen ererben" *(Hebräer 6,11.12)*.

Das ist das Rezept: Hoffnung gegen Trägheit. Hoffnung, dass alles, was im Geiste Jesu getan wird, Sinn macht. Auch dann

Sinn macht, wenn unser Verstand zunächst keinen erkennen kann. Hoffnung, dass alles, was denen widerfährt, die ihn, den Sohn Gottes lieben, zum Besten dient. Hoffnung, dass er die, die der Vater ihm gegeben hat, bald zu sich ziehen wird, damit sie seine Herrlichkeit schauen. Diese Hoffnung schenkt unserem Leben einen tiefen Sinn. Sie macht Mut zu handeln, denn im Schwachen wird der Herr mächtig sein. Zu handeln, selbst wenn uns bewusst ist: Ein sündiger Mensch kann niemals Vollkommenes schaffen. Hoffnung versetzt in die Lage, in eine Gemeinschaft auch einmal mehr einzubringen, als man wiederbekommt. Der Herr wird es lohnen.

Wer träge ist, versäumt sein Leben. Wer träge ist, verpasst die Chancen, die ihm die Gnade Gottes anbietet. Wenn wir Trägheit erkennen, müssen alle Alarmglocken läuten. Dahinter steht Hoffnungslosigkeit. Und wer ohne Hoffnung ist, dessen Leben droht sinnlos zu werden. Ein träger Mensch sollte so schnell wie möglich in die Hand eines guten Arztes. Er kann untersuchen, ob eine ernste Krankheit hinter der Trägheit steckt. Wenn wir feststellen, dass unser Herz zu träge geworden ist zu glauben, dann nehmen wir die Medizin, die Jesus den Emmausjüngern *(Lukas 24,13 ff.)* eingeflößt hat: Er legte ihnen die Heilige Schrift aus und zeigte ihnen, dass das, was sie als völlig sinnlos angesehen hatten, eben doch Sinn machte. Und er brach das Brot mit ihnen und ließ sich darin erkennen. Wer könnte uns diese Medizin besser verordnen als die Gesandten Jesu Christi? Gehen wir zu ihnen, hören wir zu, wenn sie uns aus dem Evangelium Hoffnung ins Herz legen, unserem Leben Sinn verleihen. Dann haben wir beste Chancen, diese Auferstehung der Hoffnung zu erleben wie diese beiden Jünger. Ihr sinnentleertes Herz brannte plötzlich wieder. Sofort und ohne Rücksicht auf die hereinbrechende Dunkelheit eilten sie zurück nach Jerusalem, voller Freude. Und als sie in Jerusalem waren, trat der Herr unter sie: „Friede sei mit euch!" *(Lukas 24,36)* Das kann man auch heute erleben. Mache dich auf und komme zum Herrn!

Raus aus dem Hamsterrad

Mitten in der Predigt empfahl der Priester: „Wenn wir mal das Gefühl haben, uns in unseren Sorgen immer mehr im Kreis zu drehen, dann wenden wir uns doch an Jesus Christus. Beten wir, dass unser Glaube wächst: Der Heiland sorgt für dich!"

„Sorgen kann man nicht wegbeten!", meinte ein geplagter Bruder zu seinem Vorsteher. Doch der ließ sich nicht irritieren. „Komm und lass es uns gemeinsam versuchen", hat er den Bruder eingeladen. Nach dem Gebet gestand der Bruder: „Die Sorgen sind alle noch da. Aber es ist ruhiger in mir."

In seinem ersten Brief (1. Petrus 5,7) bittet Petrus seine Brüder und Schwestern in Kleinasien inständig: „Alle eure Sorge werft auf ihn; denn er sorgt für euch." Und mit dieser Aufforderung weiß sich Petrus ganz eng verbunden mit seinem Herrn. Dieser lädt die Mühseligen und Beladenen ein, die Sorgenvollen also. Er will sie erquicken. Mehrfach zeigt der Gottessohn die Sorge als problematische Haltung und Einstellung des Gläubigen auf. So im Gleichnis vom Sämann (Lukas 8,4 ff.). Jesus deutet das Gleichnis und vergleicht die Sorgen der Welt mit Dornen, die das im Herzen keimende Leben aus Christo ersticken. – Sorgen können so schwer auf der Seele lasten, dass sie göttliches Leben erdrücken.

Marta aus Betanien sorgt sich viel um das Wohl ihrer Gäste (Lukas 10,38 ff.). Jesus erkennt an, dass Marta sich sorgt, aber er sagt ihr: Jetzt, wo ich mit euch rede, ist es besser, die Sorgen beiseite zu schieben. – Sorgen können davon abhalten, Gottes Wort zu hören.

Eine gefährliche Folge von Sorgen beschreibt Jesus: Die täglichen Sorgen können die Wachsamkeit des Gläubigen auf den Tag des Herrn untergraben, ja diesen Tag aus dem Bewusstsein drängen (vgl. Lukas 21,34 ff.). Jesus weist hier auf einen weiteren Verlust hin: Sorgen bergen eine weitere Gefahr, die Gefahr nämlich, das Beten zu unterlassen. – Sie ersticken das Beten.

Jeder Mensch tut gut daran, für sich selbst zu sorgen und für seinen Nächsten. Der barmherzige Samariter sorgt für den ausgeraubten Menschen. Jesus weist die Pharisäer in die Schranken, als seine hungrigen Jünger am Sabbat für sich sorgend ihren Hunger stillen. Solches meint Jesus nicht, wenn er vor der erstickenden Sorge warnt.

In Matthäus 6 empfiehlt Jesus eine glaubensstarke Sorglosigkeit. Er öffnet seinen Zuhörern die Augen: Ihr dürft euch auf euren Gott verlassen. Bezieht ihn mit ein in euer Rechnen und Kalkulieren über eure Zukunft. Der Herr lädt ein zu glauben, ihm zu vertrauen. Der Glaube an Gott vermag dem Gläubigen Sorgen vor der Zukunft zu nehmen.

Bitte jetzt nicht den Umkehrschluss ziehen und sagen: Ich habe Sorgen und Angst, also ist mein Glaube zu schwach. Das kann zwar, muss aber nicht so sein. Es gibt immer mehr Menschen, die haben durch ihre Lebensgeschichte und durch Krankheit Ängste und Sorgen, die das ganze Leben und sogar den Glauben beherrschen. Doch diese Menschen können im Interesse ihres Glaubens viel tun: einen Arzt oder Therapeuten aufsuchen, damit die Ängste eingedämmt werden und der Glaube wieder zum Vorschein kommt.

Alle sind eingeladen, aus dem Hamsterrad der Sorgen auszusteigen. Besiegen wir mutig manche Sorge mit Glauben: Wirf dein Anliegen auf den Herrn; der wird dich versorgen!

Ich will mich freuen!

Ein älterer Bruder berichtet, er wohne neben einem Kindergarten. Ziemlich viel Lärm tagsüber. Mittagsschlaf kann der alte Herr nicht machen, zu laut. Fast jeden Tag wirft er nach Feierabend Sandschaufeln, Steine, Tannenzapfen, Sandförmchen und Spielzeug, die in seinem Garten liegen, über den Zaun zurück auf das Gelände des Kindergartens.

Na, so etwas braucht man sich doch nicht gefallen zu lassen! Eine Unverschämtheit von diesen kleinen Lausebengeln, die sich so danebenbenehmen. Viele Mitbürger würden sich mächtig ärgern. Vielleicht sogar wütend werden und den Plagen mal lautstark und gehörig den Marsch blasen und einen Rechtsanwalt einschalten. Unser Bruder reagierte anders: „Ich finde es wunderbar, wenn in Kindern Leben steckt, das sich betätigen will. Ab und zu reiche ich einmal eine Tüte Bonbons rüber."

Eine Schwester schreibt: „Gestern abend hetzte ich mich ab, um noch pünktlich zur Chorstunde zu kommen – und was ist? Dirigent nicht da, nur eine Schwester im Alt, die für mich ‚Neuling' im Chor keine Hilfe ist. Der Aushilfsdirigent stand hilflos vor dem Chor. Schließlich fragte er jeden Sänger nach dem Lieblingslied, das wir dann – so gut wir konnten – gesungen haben. Ich kannte die meisten Lieder nicht und konnte nur die Texte lesen."

So ein Ärger! Doch was schreibt die Schwester? „Im Gebet vor der Chorprobe hatte ich noch ein bisschen Ärger in mir. Doch als der Aushilfsdirigent die Übungsstunde überpünktlich beendete, ging ich fröhlich nach Hause. Über die Geschwister, die mir gesagt haben: ‚Das hättest du dir sparen können!', kann ich nur lächeln und jedem diese kleinen Erlebnisse wünschen. Es gibt immer etwas Positives. Manchmal muss man ein bisschen danach suchen."

Eine andere Schwester wurde von einem Amtsträger in Ruhe angerufen: „Schwester F., Sie haben versucht, mich anzurufen, heute Morgen." „Nein", sagt Schwester F. „Haben Sie doch! Ihre Nummer steht auf meinem Anrufbeantworter." „Nein, ich habe Sie ganz gewiss nicht angerufen!", wiederholte die Schwester. „Na, wie kommt dann Ihre Nummer auf den Anrufbeantworter?" Jetzt ein falsches Wort …

„Ist doch egal, wie meine Nummer auf Ihren Anrufbeantworter kam. Ich freue mich, Sie am Telefon zu haben. Diese Überraschung ist dem himmlischen Vater gelungen!"

Eine weitere Schwester hat einen Vers aus dem Gesangbuch als Ohrwurm. Doch ihr fällt und fällt nicht ein, wie das Lied heißt. Am nächsten Sonntag liest sie das Eingangslied durch und in der dritten Strophe sieht sie ihren „Ohrwurm". Sie erkennt darin einen Liebesbeweis des himmlischen Vaters und freut sich darüber. Sie ist sich sicher: Wenn wir Menschen uns über Dinge mehr freuen würden, die Gott uns immer wieder schenkt, dann kämen wir seltener in Situationen, in denen „die Seele kaum Leben mehr hat".

Freude schenkt Kraft – und Ärger kostet Kraft. Wir entscheiden, ob wir uns über etwas ärgern oder freuen, ob wir Kraft sammeln für die entscheidenden Dinge im Leben. Oder ob wir unsere Kraft an viele kleine Ärgernisse vergeuden.

Alles hat seine Zeit …

Die Kraft des Gedenkens

Rätsel

Was macht ein einsamer Turnschuh in einer Telefonzelle? Ich stehe mit dem Auto an der roten Ampel. Da entdecke ich diesen Turnschuh in der Telefonzelle. Hat ihn ein Junge oder ein Mädchen verloren oder einfach weggeworfen? Oder ist gar jemand verunglückt und der Schuh blieb liegen? Warum liegt er dort und nicht am Straßenrand? Ein Rätsel, dessen Lösung ich vermutlich nie erfahren werde.

Ein Rätsel von vielen, die uns im Laufe unseres Lebens begegnen. Über manche grübeln wir lange. Andere, wie dieser Turnschuh, beschäftigen uns nur für Sekunden.

Ein neues Jahr liegt wie ein großes Rätsel vor uns. Was wird es bringen? Was wird passieren in der Welt? Mit welcher Freude, mit welchem Glück wird das neue Jahr uns persönlich bescheren? Kommt der Herr in diesem Jahr?

Wir wissen noch nichts. Aber wir haben viele Fragen, Bitten und Wünsche. Wir können vielleicht manche Entwicklung im Ansatz schon erkennen und fragen: „Wie soll das gehen? Wohin soll das führen?"

Unsere Fähigkeit, zu erkennen, wie eine Sache weitergehen wird, ist eingeschränkt, denn wir unterliegen dem Gesetz der Zeit. Für uns geschehen die Dinge nacheinander, in einer zeitlichen Abfolge. Deswegen sind wir nicht immer in der Lage, am Anfang eines Prozesses, eines Weges, den wir gehen, einer Handlung, die wir vollführen, das Ende zu sehen. Wir sind selten in der Lage vorauszusehen, was kommen wird, zu erkennen, wie die Sache ausgeht. In vielen Fällen ist das sicher gut so. Wer wüsste schon gerne im Voraus, dass er sich plötzlich unerwartet drei Stunden später auf einem OP-Tisch wiederfindet.

Wir wären vermutlich oft kaum noch handlungsfähig, wenn wir in die Zukunft sehen könnten. Sicher, unsere menschliche Neugierde möchte zu gerne wissen, was in einer Stunde, in einer Woche geschieht. Auch würde mancher gerne mal einen Blick nach drüben richten. Wohl kaum einer hat sich nicht schon die Frage gestellt: Was kommt dann, ganz detailliert, wenn mein Leben hier zu Ende ist? Wie wird es sein, wenn Jesus Christus die Seinen zu sich geholt hat? Diese Rätsel hätten wir schon ganz gerne aufgeklärt. Und wir befinden uns in guter Gesellschaft. Schon vier der Jünger haben den Herrn Jesus umringt und ihm ihre brennende Frage gestellt: „Sage uns, wann wird das geschehen? Und was wird das Zeichen sein, wenn das alles vollendet werden soll?" *(Markus 13,4).*

Jesus antwortete ihnen: „Seht zu, dass euch nicht jemand verführe!" Er lenkte zunächst den Blick der Jünger auf das Wesentliche: auf die Gegenwart, auf die Gefahren, die im Moment lauern. Das hat Priorität. Ohne die Achtsamkeit in der Gegenwart kann die Zukunft schneller vorbei sein, als einem lieb ist. Dann allerdings erklärte Jesus seinen Jüngern einiges zu dem, was sie erwartete, und er erläuterte auch Zeichen, die seiner Wiederkunft vorausgehen werden.

Der Heilige Geist beantwortet in den Gottesdiensten manche Frage, die wir im Gebet vortragen. Manches offenbart er uns, was uns bis dahin rätselhaft war. Aber immer wieder weist er uns darauf hin, dass die Gegenwart, das Heute, das Entscheidende ist. Hier und jetzt entscheidet sich – und das heißt vielfach auch: entscheide ich ganz persönlich darüber –, wie meine Zukunft aussehen wird. Nutzen wir das Heute, um morgen beim Herrn zu sein.

Ich bin die Auferstehung

Viele österliche Symbole sind Zeichen für das unfassbare Geschehen am Ostertag. Verborgen sind die Ostergeschenke im Moos auf der Erde. Doch wer sucht, wird sie finden. Tot scheinen die Zweige in der Vase. Doch wenn wir dem Leben in den Knospen vertrauen und die Zweige mit Wasser und Wärme umhegen, werden sie aufblühen. Osterfeuer flackern auf und sind ein Zeichen dafür, dass das Licht endgültig gesiegt hat über die Finsternis. An dem Osterfeuer werden Kerzen entzündet und in die Kirche getragen. Viele Kirchen sind als Zeichen der Trauer von Karfreitag bis Ostern dunkel.

Das Ei ist ebenfalls ein uraltes Zeichen für Ostern. Es ranken sich viele Legenden darum, wie das Ei zum Osterei wurde. Eine berichtet von der Prinzessin Katharina aus Alexandria in Ägypten: Der Kaiser von Rom war damals der mächtigste Mann der Welt. Er herrschte rund ums Mittelmeer. Eines Tages besuchte er die Stadt Alexandria in Ägypten. Er ließ die Königstochter Katharina zu sich kommen. Er hatte schon viel über sie gehört. Auch, dass sie Christin war. Katharina kannte viele Jesusgeschichten. Der Kaiser hörte ihr gespannt zu. Ihm gefiel, wie Jesus den Menschen begegnete. Die Ratgeber des Kaisers wunderten sich darüber, denn er hatte schon Christen verfolgt. Viele waren auf seinen Befehl hin getötet worden.

Katharina erzählte vom Leben Jesu und von seinem Sterben und schließlich auch davon, dass der Herr von den Toten auferstanden sei. „Von den Toten auferstanden?", fragte der Kaiser verblüfft. „Das will ich dir nur glauben, wenn du aus einem Stein neues Leben erwecken kannst." Katharina ging betrübt davon. Doch da kam ihr ein Gedanke. Sie kaufte von einem Bauern ein fast ausgebrütetes Entenei. Damit ging sie am nächsten Tag zum Kaiser. Sie hielt ihm das Ei entgegen. Die junge Ente riss einen Spalt in die Schale. Der Kaiser schaute geduldig zu, wie das kleine Tier sich in stundenlangem Bemühen aus der Schale befreite. „Scheinbar tot und doch Leben im Stein", sagte Katharina. Der Kaiser soll sehr nachdenklich geworden sein. So soll das Ei zum Osterei geworden sein. Das Osterei, ein Zeichen für das Unbegreifliche: Christus ist auferstanden. Ja, er ist wahrhaftig auferstanden.

Die Eischale ist eine enge, harte Begrenzung für verborgenes Leben. Das Küken braucht lange Zeit, bis es aus seiner Schale schlüpft. Wir stoßen in unserem Leben oft auch an einen engen Horizont. Gott hat jedoch in der Taufe mit Wasser und dem Heiligen Geist Leben in uns hineingelegt. Dieses Leben entwickelt sich unter geeigneten Bedingungen allmählich, bis es schließlich aufbricht in seine Welt bei Gott – außerhalb des eng begrenzten Horizontes.

Jesus Christus ist auferstanden – unfassbar! Naturgesetze, Erfahrung, modernes Weltbild – alles spricht gegen die Auferstehung Jesu Christi. Mit dem Verstand und mit naturwissenschaftlichen Kriterien werden wir die Auferstehung nicht fassen. Wer den Auferstandenen mit dem Verstand sucht, wird ihn nicht finden, nur mit dem Herzen lässt er sich finden. Wir müssen Christus Glauben schenken, ihm vertrauen: Mit Christi Auferstehung wird uns der Weg über unseren Horizont hinaus möglich. Das verborgene Leben in uns will aufbrechen zu Gott. Vertrauen wir dem Auferstandenen. Er ist unsere Auferstehung schon jetzt. Wie das verborgene Leben im Ei sind wir schon auferstanden. Auferstanden in der Taufe vom Tod ins ewige Leben, wie Paulus an die Kolosser schreibt: „Seid ihr nun mit Christus auferstanden, so sucht, was droben ist, wo Christus ist […] Denn ihr seid gestorben und euer Leben ist verborgen mit Christus in Gott. Wenn aber Christus, euer Leben, sich offenbaren wird, dann werdet ihr auch offenbar werden mit ihm in Herrlichkeit" *(Kolosser 3,1.3.4).*

Als alle sich wieder verstanden

Viele, viele Jahre vor Christus: „Es hatte aber alle Welt einerlei Zunge und Sprache … und sie sprachen untereinander: Wohlauf, lasst uns Ziegel streichen und brennen – und nahmen Ziegel als Stein und Erdharz als Mörtel und sprachen: Wohlauf, lasst uns eine Stadt und einen Turm bauen, dessen Spitze bis an den Himmel reiche, damit wir uns einen Namen machen; denn wir werden sonst zerstreut in alle Länder." So steht es im ersten Buch Mose, Kapitel 11. Gott hat sich das Tun der Menschen angesehen und wahrgenommen, dass die Menschen die Folgen ihres Tuns nicht im Ansatz verstanden. Ihre schöpferischen Phantasien waren Gott ähnlich; ihre Fähigkeit, ihre Ängste zu erkennen und ihnen entgegenzuwirken, war groß; ihr handwerkliches Können phänomenal.

„Wohlauf, lasst uns herniederfahren und dort ihre Sprache verwirren, dass keiner des anderen Sprache verstehe!" *(1. Mose 11,7)* Gott ändert nur eine Klitzekleinigkeit – und schon können die Menschen ihre Phantasie nicht mehr wirkungsvoll entfalten, versagt ihr ganzes Können. Aber ihre Ängste treten umso stärker hervor.

„Und als der Pfingsttag gekommen war, waren sie alle an einem Ort beieinander. Und es geschah plötzlich ein Brausen vom Himmel wie von einem gewaltigen Wind und erfüllte das ganze Haus, in dem sie saßen. Und es erschienen ihnen Zungen, zerteilt wie von Feuer; und er setzte sich auf einen jeden von ihnen, und sie wurden alle erfüllt von dem Heiligen Geist und fingen an zu predigen in andern Sprachen, wie der Geist ihnen gab auszusprechen … Es wohnten aber in Jerusalem Juden, die waren gottesfürchtige Männer aus allen Völkern unter dem Himmel. Als nun dieses Brausen geschah, kam die Menge zusammen und wurde bestürzt; denn ein jeder hörte sie in seiner eigenen Sprache reden" *(Apostelgeschichte 2,1 ff.)*. Die Menschen hatten Angst und waren mit ihrem Latein am Ende:

„Ihr Männer, liebe Brüder, was sollen wir tun?", fragten sie die Apostel. Und Petrus zeigte ihnen den Weg der Errettung aus ihren Sünden, ihrer Angst, ihrer Orientierungslosigkeit, ihrer Vereinzelung und Einsamkeit, ihrer hoffnungslosen Vergänglichkeit, ihrer Gottferne: „Tut Buße und jeder von euch lasse sich taufen auf den Namen Jesu Christi zur Vergebung eurer Sünden, so werdet ihr empfangen die Gabe des Heiligen Geistes. Denn euch und euren Kindern gilt diese Verheißung und allen, die fern sind, so viele der Herr, unser Gott, herzurufen wird" *(Apostelgeschichte 2,38 ff.)*.

Der Heilige Geist schafft Gemeinschaft unter den Menschen. Er weckt in ihnen das Verständnis, Gott und den Nächsten zu verstehen. Der Geist Gottes schenkt die Gabe, so mit dem Nächsten zu reden, dass dieser mich versteht. Grundvoraussetzungen, um in Gemeinschaft zusammenleben zu können und ein Ziel zu verfolgen. Das Feuer des Heiligen Geistes verbrennt Ängste und erfüllt mit Mut. Die Gewissheit der Nähe Gottes und die Liebe des Heilandes hebt er ins Bewusstsein.

Willst du auch Pfingstwunder erleben? – Gib dem Heiligen Geist Raum in dir.

Freude in der Ernte

Noah baute nach der Sintflut Gott einen Altar und opferte. Gott sprach daraufhin in seinem Herzen: „Solange die Erde steht, soll nicht aufhören Saat und Ernte …" Ernte, die Grundvoraussetzung zum Leben. Wie schrecklich war es für das Volk Israel, als es durch die Wüste zog. Sie konnten nichts säen, also auch nichts ernten. Ihr Leben hing davon ab, Nahrung zu bekommen. Tag für Tag darauf hoffen, in der Wüste Essbares zu finden oder dem Tod ins Auge zu blicken. Und dann die Anordnung Gottes, das Manna nur für den jeweiligen Tag zu sammeln. Sich so mit seiner ganzen Existenz auszuliefern an Gott, den sie kaum kannten, das würde sich selbst heute nicht jeder trauen.

Inzwischen sind die Menschen in der westlichen Welt weitgehend unabhängig davon, ob auf ihren Äckern das Getreide und die Kartoffeln gut gedeihen, an ihren Bäumen das Obst reift, in ihren Weinbergen viele Trauben gelesen werden können, ob die Wiesen saftiges Gras hergeben. Mit Einschränkungen können wir nach einer Missernte hierzulande Lebensmittel aus anderen Ländern einkaufen. Der Tisch ist immer gedeckt. Oft sogar zu üppig. Wohlstandsbäuche sind kaum zu übersehen.

Den Bezug zur Natur und Kenntnisse, wie Lebensmittel entstehen, haben wir weitgehend eingebüßt. Unsere Ernte sammelt sich auf dem Konto an. Milch kommt aus dem Pappkarton – was hat das Gras auf der Wiese damit zu tun? Kartoffeln liegen im Plastikbeutel im Supermarkt. – Was hat der Regen damit zu schaffen? Kaffee steht in einer Regalreihe des Supermarktes. – Keiner kann erkennen, was das mit dem Überleben der Familie eines Kaffeebauern in einem Dritte-Welt-Land zu tun hat.

Die Zusammenhänge zwischen Ernte und Überleben haben sich – zum Glück? – verwischt. Wenn wir Erntedank feiern, ist das eine Chance, Kindern und Erwachsenen wieder eine Ahnung der Zusammenhänge zu schenken: Wir sind trotz aller technischen Errungenschaften doch abhängig von Gott. Von seinem Segen. Ein Hauch von Demut weht ins Herz, wenn uns dies bewusst wird.

Erntedank ist kein offizielles Fest im Kirchenjahr. Es hat keine heilsgeschichtliche Bedeutung. Deshalb gibt es auch keine verbindliche Vorschrift, dass und wie dieses Fest zu begehen sei. Mancher hält Erntedank für überholt und die Predigt störend. Es gibt Gründe dafür. Doch dieses Fest kann abstrakte Lehre sinnlich erfahrbar machen. Den Segen Gottes einmal nicht nur in Augenschein nehmen durch einen Blick auf das Konto, den fahrbaren Untersatz, das schmucke Heim – oder weniger materialistisch: das Glücksgefühl, den starken Glauben, die Hoffnung und Zufriedenheit. Am Erntedankfest kann jeder den Segen Gottes sehen, riechen, schmecken, begreifen und genießen. Das prägt sich fest ein. Das Erntedankfest kann ohne romantische Verklärung deutlich machen, was Gott einst zu Adam und Eva sagte: „Im Schweiße deines Angesichts sollst du dein Brot essen" *(1. Mose 3,19)*. An Erntedank zusammen in der Gemeinde zu essen, das kann Gemeinschaft stiften. Erntedank kann die alte jüdisch-christliche Grundeinstellung beleben, denen zu geben von den Gaben der Erde, die nichts haben. Damit erfüllen wir den Willen Gottes.

Wie wir das Erntedankfest begehen, ob ganz im Stillen oder fröhlich in der Gemeinschaft, vergessen wir nicht, Gott zu danken im Wort und in der Tat.

Advent – der Herr kommt bald

In Europa, in großen Teilen Asiens und in Nordamerika sind im Advent die Nächte lang und kalt. Eine brennende Kerze fällt in der Zeit auf. Sie wärmt, das Licht tut der Seele wohl, weckt neue Hoffnung. Eine Kerze symbolisiert Leben in einer lebensfeindlichen Umwelt. Jesus Christus bezeichnet sich als Licht der Welt. Er kam und sagte: „Ich bin gekommen, ein Feuer – also Licht – anzuzünden; was wollte ich lieber, als dass es schon brennte!" *(Lukas 12,49)*. Er weckte die Hoffnung, dass der Mensch durch ihn erlöst zu Gott zurückkehren könne. Seit der Zeit der ersten Christen ist die Kerze das Symbol für den Kampf der Christen gegen das Dunkle in der Welt. Der Kranz ist ein Siegeszeichen. Ein Zeichen ohne Anfang und Ende und steht auch für die Ewigkeit und das immerwährende Reich Gottes, das Christus bei seiner Wiederkunft vollenden wird. Die grünen Zweige stehen für das ewige Leben und die nicht welkende Hoffnung auf den wiederkommenden Gottessohn.

Der evangelische Theologe und Pädagoge Johann Heinrich Wichern (1808–1881) betreute verwahrloste Kinder in Hamburg. Weil er die ständigen Fragen der Kinder leid war, wie lange es denn noch bis Weihnachten dauere, schuf er 1839 aus einem alten Wagenrad einen Adventskranz. Vier große Kerzen für die Sonntage und für jeden Werktag des Advents eine kleine Kerze. Nun brannte das Licht jeden Adventstag heller. Papst Gregor führte im 6. Jahrhundert den Advent ein. Die vier Adventssonntage sollten ein Symbol für die nach kirchlicher Rechnung 4000 Jahre sein, die zwischen der Ankündigung des Sohnes Gottes im Paradies und seiner Erscheinung vergingen. Die Adventszeit ist eine Zeit der Buße: Der Mensch soll sich auf Gott zubewegen und ihn auf seiner Lebensrechnung haben – denn Christus kommt wieder! In der katholischen Liturgie steht am ersten Adventssonntag die Wiederkunft Christi im Mittelpunkt, am zweiten die Vorbereitung auf den kommenden Erlöser, am dritten wird des Vorläufers Christi (Johannes des Täufers) gedacht und der vierte Adventssonntag ist erfüllt von der nahenden Freude.

Advent mit all seinen köstlichen Düften und Klängen zu feiern ist nicht nur für Kinder spannend. Viel Zeit nehmen wir uns, um Geschenke für die Nächsten vorzubereiten – Gott hat uns ja zuerst geliebt und mit seinem Sohn beschenkt. Der Gegensatz zwischen Kälte und Dunkelheit, der leblosen Natur auf der einen und dem warmen Licht in den Stuben der Menschen auf der anderen Seite kann kaum größer sein. Dies weist uns die Richtung für die Buße in der Adventszeit: das warme Licht des Herrn in uns anzünden und strahlen lassen, anderen zur Orientierung und als Quelle des Lebens. Viele Menschen stellen sich einen Adventskranz ins Zimmer. Wenn wir nun die Kerzen an unserem Adventskranz anzünden, denken wir an den Heiland und zeigen ihm: Ich hoffe noch fest auf dein Versprechen wiederzukommen und bereite mich vor auf den Tag, an dem du wiederkommst.

Schöne Bescherung

Die besinnliche Zeit des Advents hat begonnen. Viele sehnen das Weihnachtsfest herbei. Manche, weil sie dieses Fest und seine Gebräuche lieben, andere, weil sie froh sind, diese stressigen Tage der Vorbereitung und des Feierns bald hinter sich zu haben. Eine merkwürdige Zeit: Viele Musikinstrumente erwachen aus ihrem Jahres-Dämmerschlaf. Gedichte fließen aus dem Mund von Kindern und Erwachsenen. Wir schreiben Grußkarten und Mails an Menschen, die wir das Jahr über kaum grüßen. Menschen, die wir lieben und die uns Gutes getan haben, schenken wir eine Kleinigkeit. Und wir besuchen einsame und vergessene Menschen.

Manch einer erinnert sich an seine Kindheit. Verklärt schwelgt er in der heilen Kinderwelt und findet Weihnachten heute viel zu grell, laut und materialistisch. Viele entdecken ihre christlichen Wurzeln und strömen in die Kirchen. Dort hören sie wenigstens dieses eine Mal im Jahr das Evangelium: „Euch ist heute der Heiland geboren!" *(Lukas 2,11)*.

Auf der anderen Seite muss die Telefonseelsorge über die Feiertage Sonderschichten fahren. Viel zu oft entzündet sich am Fest der Liebe Streit in den Familien, brechen mitten in der heimeligen Stimmung Konflikte aus, die den Frieden – und manchmal noch viel mehr – zerstören. Ein weiteres Feld für die Seelsorger am Telefon: Einsamkeit ist selten so schwer zu ertragen wie an Weihnachten. In diesen Tagen einen Menschen mit offenem Ohr für Sorgen zu finden ist schwer. Die meisten sind vollauf mit sich und ihren Familien beschäftigt.

Die Küche verwandelt sich im Advent und an Weihnachten bei vielen zu einem wundervollen Ort der Düfte und Aromen. Gott wird begreifbar im Stall von Bethlehem als Kind, das die Welt erlösen wird. Duftende Spezereien und Gold bringen die Weisen aus dem Morgenland dem Kinde. Die Engel jubilieren, die Hirten beten das Kindlein an, der Stern beleuchtet das Geschenk Gottes. Doch im Hintergrund lauert Gefahr durch Herodes.

Weihnachten, im besten Sinne eine schöne Bescherung für die Menschen, die auf Gottes Verheißung hofften. Und in gegenteiligem Sinne eine „schöne Bescherung" für die Menschen, die durch den neugeborenen König, den Sohn Gottes, ihre Macht, ihre Vorstellungen von Gott gefährdet sahen, wie Herodes oder später viele Pharisäer und Schriftgelehrte.

Wie erleben wir Weihnachten? Als schöne Bescherung oder „schöne Bescherung"? Vermutlich mal so und mal so, wie die meisten Menschen. Manchmal fühlen wir uns ausgelaugt, weil wir so viel von uns und von den anderen Menschen erwarten. Das Fest soll schön werden für uns und unsere Nächsten. Die Geschenke sollen passend gewählt sein, Speisen und Getränke dem festlichen Rahmen entsprechen, die Wohnung geschmückt und geputzt sein. Wenn man dann feststellt, die anderen erwarten dies alles, tragen aber selbst wenig dazu bei, schleicht sich leicht Enttäuschung ein.

Das richtige Maß zu finden in unserem Engagement für unsere Nächsten in der Weihnachts- und Adventszeit ist notwendig. Bitte nehmen wir uns im Laufe der arbeitsreichen Tage immer wieder ein paar Minuten Zeit und freuen uns an der Hoffnung, die Gott jedem Menschen in der Geburt seines Sohnes schenkt. Lesen wir die Frohe Botschaft in der Heiligen Schrift: „Christ, der Retter ist da!" Diese Hoffnung trägt. Ganz sicher. Eine wahrlich schöne Bescherung voller Frieden!

Unfassbar! Gott lässt sich berühren

Ein Kind ist uns geboren! Welche Freude. Was viele nicht sehen: Dieses Kind ist Gott und Gott ist dieses Kind. Gott vertraut sich den Menschen an. Ihrer Bereitschaft, ihn anzunehmen, ihrer Obhut, Pflege, Fürsorge, ihrer Liebe. Seine Mutter Maria und ihr Mann Josef sind Vorbild in der annehmenden, aufbauenden, schützenden Fürsorge der Menschen Gott gegenüber. Jesus Christus setzt sich mit seiner Menschwerdung aber zugleich der Gleichgültigkeit, der Angst, der Gewalt, dem Hass der Menschen aus. Den Kinder mordenden Herodes nennt die Bibel *(Matthäus 2,16)* als Ersten, der dem Kind schaden wollte.

Gott offenbart sich und macht sich verletzlich. Die Menschen können ihn berühren – vertrauensvoll, bittend, flehend, ehrfurchtsvoll, schuldbewusst, um Hilfe nachsuchend. Sie können ihn aber auch berühren, um ihm ihre Missachtung handgreiflich darzustellen, ihm zu schaden, ihn zu quälen, ihn zu kreuzigen.

Gott erniedrigt sich in Jesus Christus. Er ist nicht der strafende Gott im fernen Weltall, unnahbar und unberechenbar. Er ist ein liebender Gott. „Fürchtet euch nicht!" *(Lukas 2,10)*. Ja, wer wird sich vor einem kleinen Kind fürchten? Dieses Kind lehrt den Menschen, ohne Gewalt, Hinterhältigkeit, Angstmachen zu leben und einander in Liebe zu begegnen.

Die Menschen sind aufeinander angewiesen. Das zeigt ihnen Gott im kleinen Kind. So wie das Kind die Geborgenheit und Gemeinschaft liebevoller Menschen zum Leben braucht, so braucht auch der stärkste Mensch die beschützende und fürsorgende Gemeinschaft anderer Menschen. Und die Gemeinschaft mit Gott. Sonst ist das wahre Menschsein in Gefahr.

Die Begegnung mit Menschen schenkt viel. Vielen sogar einen Lebenssinn. Materie hat keinen Sinn in sich. Manche Technik lässt die Menschen einsam werden, weil sie die Begegnung mit realen Menschen behindert und die heilende Berührung verhindert.

Gott hat es uns vorgemacht: In der Begegnung mit ihm in Jesus Christus berührt er uns heilsam. Gott, den wir in unserem eigenen Leben zerbrechen, töten können, begegnet uns als bittendes Kind: Gib mir Raum in deinem Herzen, Nahrung, schenke mir von deiner Zeit, deiner Liebe. Lass mich an deinem Leben teilhaben. Ich schenke dir Freude und Fähigkeit, deinem Nächsten in Liebe zu begegnen. Ich kann dir viel Angst vor der Welt nehmen, denn ich habe die Welt überwunden.

Lassen wir uns von Gott berühren. Wenden wir uns ihm zu und berühren ihn, so liebevoll und fürsorgend wie die Hirten dieses Kind, das in Windeln gewickelt in der Krippe lag. Und berühren wir in eben dieser Weise auch unseren Nächsten. Vielleicht laden wir ihn zum Weihnachtsfest ein, vielleicht besuchen wir ihn und schenken ihm Weihnachtsfreude.

Ach ja, der Josef

Die Weihnachtsgeschichte als Krippenspiel: Jesus im Mittelpunkt. Seine Mutter Maria ist nahe bei ihm, die himmlischen Heerscharen weisen lobpreisend auf die Geburt des Heilands hin. Die Hirten knien ehrfürchtig staunend im Stall. Sie sind die Glücklichen, die als Erste erfahren haben, dass der Heiland geboren sei. Drei Weise aus dem Morgenland erweisen dem Kind ihre Reverenz. Tiere stehen noch da, als Sinnbild, dass die ganze Schöpfung von diesem Ereignis berührt wird. Ach ja – dann steht da noch einer, still und schweigend: Josef von Nazareth. Er steht eindeutig im Schatten all der anderen. Wenig ist von ihm berichtet, er ist halt dabei. Wer ist dieser Josef?

Josef ist ein Nachkomme Abrahams, berichtet das Matthäusevangelium *(Matthäus 1,1–17)*. König David steht auch in dieser Ahnenreihe. Deshalb brachen ja Josef und seine hochschwangere Verlobte auf, um sich in Bethlehem, der Stadt Davids, schätzen zu lassen. Josef war fromm. Er hörte Gott zu, der ihm in einem Engel begegnete. Josef dachte nach, glaubte und handelte im Sinne Gottes. Nicht nur einmal. Schon Abraham und David waren solche frommen Männer, die Gott ernst genommen haben, ihm zuhörten, seinen Rat befolgten, ihn in die Tat umsetzten – meist zumindest.

Josef hörte zu. Zuhören können – eine göttliche Gabe. Josef ist kein Dampfplauderer. Worte von ihm sind nicht überliefert in der Heiligen Schrift. Josef ist eher ein Schweiger. Kein Hitzkopf, der Streit sucht. Er ist einer, der sich Gedanken macht, bevor er handelt. Er hört – in sich hinein und auf die Worte Gottes. Aber Josef ist kein feiger Zauderer. Wenn's drauf ankommt, handelt er schnell und entschlossen. Der Engel des Herrn erscheint ihm: Verlass Maria nicht! Nimm deine schwangere Verlobte zu dir. „Als nun Josef vom Schlaf erwachte, tat er, wie ihm der Engel des Herrn befohlen hatte" *(Matthäus 1,24)*. Als Herodes den Kindermord befiehlt, kommt ein Engel zu Josef und bittet ihn, nach Ägypten zu ziehen. Josef nimmt Frau und Kind und bricht noch in der Nacht auf. Mutig. Als Herodes tot war, offenbart der Engel dem Josef, dass er nach Hause kehren solle *(Matthäus 2,20)*. Josef bricht sofort auf, obwohl ihn verständliche Angst um seine Familie umtreibt.

Noch zwei Begebenheiten zeigen die Frömmigkeit Josefs: Er nimmt Jesus an Kindes Statt an und bringt ihn in den Tempel, um den Erstgeborenen dem Herrn zu heiligen *(Lukas 2,22 ff.)*. So will es das Gesetz. Wieder hört Josef zu: Er wundert sich über die Worte des Simeons.

Alle Jahre zum Passafest pilgert Josef mit seiner Frau nach Jerusalem *(Lukas 2,41 ff.)*. Als Jesus zwölf Jahre alt ist, nehmen sie ihn mit auf diese Pilgerreise. Jesus bleibt im Tempel, als seine Eltern sich auf den Heimweg machen. Josef sucht zusammen mit Maria den Sohn – mehr als drei Tage lang. Seine tätige Fürsorge blitzt hier auf.

Josef, der Schweigende. Nur eine verzichtbare Randfigur in der Weihnachtsgeschichte? Nein. Seine Fähigkeit, zuhören zu können, sein Vertrauen auf das Wort Gottes, sein Glaube, sein Mut, seine Tatkraft tragen entscheidend dazu bei, dass das Kind, der Retter der Menschheit, am Leben bleibt und in den Tempel, ins Haus seines Vaters kommt.

Josef denkt nach und hört Gott zu. Er handelt sofort, wenn er Gewissheit hat über den Willen Gottes. Josef – ein Mann des Hörens, des Glaubens, der Fürsorge, der Tat und des Aufbruchs. Wie seine Vorfahren Abraham und David. Josef – ein Vorbild für uns.

Alles zu seiner Zeit

Eine Frau kommt in die Buchhandlung: „Ich hätte gerne ein Buch für einen Kranken." Der Buchhändler weiß nicht so recht, was er empfehlen soll, und fragt die Frau: „Darf es etwas Religiöses sein?" „Ach nein", wehrt sie ab, „dem Kranken geht es schon wieder viel besser." Über diese hintergründige Aussage lässt sich leicht lächeln. Und man lächelt wahrscheinlich dabei auch ein wenig über sich selbst. Denn wer kann sich wirklich davon freisprechen, Gott ein klitzekleines bisschen in den Hintergrund zu schieben, wenn das Leben gut läuft. Und Erfolg kann trunken machen. Dann wirbelt man, konzentriert sich darauf, die Erfolgssträhne beizubehalten. Gott wird nicht mehr so sehr benötigt. Man kann ja alleine sein Glück schaffen. Für Nähe zu Gott ist jetzt keine Zeit mehr übrig. Es gilt zu arbeiten und zu streben.

Fühlt sich der Mensch bedroht, erinnert er sich gern an seinen Schöpfer. Dann sucht er ihn und braucht ihn. Dann finden viele Menschen überraschend doch Zeit für den Herrn. Wenn sich das Schicksal zum Besseren wendet, vergisst der Erdenbürger nur zu leicht wieder seinen Wohltäter – die Zeit wird knapp, und für Gott bleibt keine mehr.

Nie ist Gott dem Menschen so wertvoll wie in der Not. Das ist ein altes Lied. Schon die Propheten des alten Bundesvolkes klagten in vielen Strophen darüber.

Vielleicht kann sich der Mensch diesem Verlust an Zeit für Gott nur mit viel Mühe entziehen. Das mag schon sein. Und doch gibt es bemerkenswerte Beispiele, die davon erzählen, wie es Menschen geschafft haben, Gott nahe zu sein in Freude und in Leid.

Ein eindrucksvolles Beispiel ist Hiob. Im ersten Kapitel des biblischen Buches über ihn stehen Worte wie „der war fromm und rechtschaffen, gottesfürchtig und mied das Böse". Hiob hatte gar Sorge, dass sich seine Söhne, die gerne und ausgiebig feierten, versündigen könnten. „Früh am Morgen", so steht es im ersten Kapitel des Buches Hiob, machte sich der Vater auf und brachte Brandopfer, für jeden der Söhne eines. Er hatte Zeit für Gott. Und das nicht nur einmal. „So tat Hiob allezeit." Was hat den wohlhabenden Mann dazu veranlasst? „Hiob dachte: Meine Söhne könnten gesündigt und Gott abgesagt haben in ihrem Herzen" *(Hiob 1,5)*. Ein Beispiel großer Gottesfurcht bei einem, der so reich war, dass er in Saus und Braus hätte leben können. Er nahm sich gerade in Zeiten des Wohlergehens Zeit für Gott. Dabei hätte er den Herrn einen guten Mann sein lassen können. So, wie er es insgeheim bei seinen Söhnen befürchtete.

Das Motto: „Alles zu seiner Zeit!" ist richtig. Doch für einen sollten wir jeden Tag Zeit einräumen: für Gott, der unser Vater geworden ist. Er hat auch immer Zeit für uns. Lesen wir in dem Buch über ihn, der Bibel, schon als Gesunde, nicht erst als Kranke.

Die frohe Botschaft

Ans Kreuz genagelt. Gequält, geschlagen, verhöhnt, bespuckt, gedemütigt. Von einem Menschen verraten, der ihm sehr nahe stand. Von Freunden verlassen, als er ihren Beistand dringend gebraucht hätte. Ein fürchterlicher Todeskampf. Das Ende eines Menschen. Sieht so eine frohe Botschaft aus? Wo soll da Freude herkommen? Allein der Gedanke an Freude mutet an wie Hohn und Zynismus.

Was sagte der Engel bei der Geburt dieses Menschen? „Fürchtet euch nicht …" *(Lukas 2,10)* Wer soll das verstehen: Ein Kind, dem bald nach der Geburt nach dem Leben getrachtet wurde, wächst heran, beginnt mit 30 Jahren als Wanderprediger durch das biblische Land zu ziehen, weiß nicht, wo er sein Haupt zur Ruhe betten soll, wird angefeindet und stirbt nach entbehrungsreichem Leben, das viel Kampf, Streit und Enttäuschung übrig hatte für ihn, einen solch schrecklichen Tod. Ein einziger Albtraum. Und davor sollen wir Menschen uns nicht fürchten? Das soll eine frohe Botschaft sein?

Wenn man es so sieht, fällt es schwer zu glauben, dass dieser an den Menschen und der Obrigkeit gescheiterte Prophet Jesus, der das nahe Himmelreich verkündigte, Freude schenken kann und uns traurige und leidende Erdenbürger fröhlich werden lässt.

Wenden wir unseren Blick auf Gott, dann erschließt sich der Grund der Freude. Der Vater ließ seinen Sohn nicht im Tod. Der Tod war nicht das letzte Wort. Das letzte Wort sprach Gott und das hieß Auferstehung, Leben, Himmelfahrt. Wer an Jesus Christus glaubt, darf gewiss hoffen, dass auch ihm der Himmel offen steht, dass Jesus Christus für ihn die Auferstehung und das Leben ist. Wer ihm nachfolgt, wer aus Wasser und dem Heiligen Geist wiedergeboren wurde, hat das Unterpfand zur ewigen Herrlichkeit. Der darf sich wahrlich darauf freuen, mit Jesus an seinem Tag Himmelfahrt zu feiern.

Doch nicht nur hinter Sterben und Tod lässt Gott tröstlich Freude schimmern, weil er das letzte Wort behält: ewiges Leben bei ihm. Jetzt und hier schon segnet Gott mit Freude. Auch im chaotischsten Leben, das völlig sinnlos scheint, sieht er Sinn, schenkt Gnade und Heil. Gewiss, annehmen muss der Mensch die Gnade und das Heil. Darin liegt der Grund tiefster Freude: Selbst wenn dem Menschen gar nichts gelingt – Gottes Gnade ist größer als das menschliche Versagen. Und Gott behält das letzte Wort.

Jesus erzählt vom verlorenen Schaf *(Matthäus 18,12 ff.)*: Der Hirte freute sich sehr, als er das verirrte Schaf gefunden und zur Herde zurückgebracht hatte. Jesus fragt nicht: „Ist es das verirrte Schäfchen wert, dass ich ihm nachgehe?" Er nörgelt nicht: „Jetzt tut ein Sünder Buße, aber morgen wird er wieder sündigen. Lassen wir das mit der Freude besser gleich sein."

Wer Gott begegnet, kann sich freuen oder ärgern, fröhlich oder furchtsam werden. Gründe für beides gibt es genug. Freuen kann man sich über die Gegenwart des Herrn in seinem Geist und seinem Wort. Fröhlich singen kann jeder, der glaubt, dass der Herr wiederkommt und die Seinen zu sich holt. Freuen kann man sich über die Sakramente und fröhlich jubeln über die Vergebung der Sünden. Ob wir uns freuen oder nicht, ob wir fröhlich sind, entscheidet nicht der Herr. Unsere Einstellung, unsere Gedanken, unser Wille sind entscheidend. Einschränkung: bei einigen Krankheiten ist bei aller Anstrengung keine Empfindung von Freude, keine Fröhlichkeit möglich. Lasst uns freuen und fröhlich sein und Christus, dem Auferstandenen, die Ehre geben!

Register

Stichwortregister · Bibelstellenverzeichnis

Stichwortregister

157

Bibelstellenverzeichnis

Reihenfolge der bibilischen Bücher nach dem Inhalt
des Alten und Neuen Testaments